Rolf Krenzer

Voll Freude ist das ganze Haus

Die Liedermacher stellen sich vor

Ludger Edelkötter lebt auf einem Bauernhof in Drensteinfurt in der Nähe von Münster. Dorthin lädt er auch oft Kindergartengruppen, Schulklassen und Jugendgruppen ein, um mit ihnen gemeinsam in seiner Tenne zu spielen, zu singen und zu musizieren. Er leitet die Gruppe „Impulse" und hat viele Musicals und Lieder für Kinder, Jugendliche und Erwachsene geschrieben, die sehr bekannt geworden sind.
Lied Nr. 4 und 48 auf MC: „Wir feiern heut' ein Fest", Nr. 26, 42, 43, 44, 45, 46, 47, 48, 49, 50, 51, 52, 53, 54, 55, 60, 70 auf Doppel-MC: „Kinderlieder-Krippenspiele", alle Impulse-Musikverlag, Natorp 2, 4406 Drensteinfurt.

Siegfried Fietz lebt in Greifenstein in der Nähe von Gießen. Er hat viele Oratorien, Kantaten und Lieder für Kinder, Jugendliche und Erwachsene geschrieben und sogar eine LP mit Coretta King, der Frau Martin Luther Kings, herausgebracht.
Lied Nr. 1, 22, 69 auf LP und MC: „Ich wünsche dir ein gutes Jahr", Abakus-Schallplatten, Haversbach 1, 6349 Greifenstein 2, und Studio Union im Lahn-Verlag, Limburg. 19 ganz neue Weihnachtslieder in einem Krippenspiel sind 1988 auf der MC: „Leuchte, leuchte Weihnachtsstern" bei ABAKUS herausgekommen.

Klaus Irmer ist Pfarrer und lebt in Leverkusen. Für Familiengottesdienste und Gottesdienste mit Behinderten hat er bereits viele Lieder vertont und zu einigen auch selbst den Text geschrieben. Einige seiner Lieder sind in Sammlungen und Zeitschriften erschienen. Lied Nr. 33, 34, 35.

Peter Janssens war wohl der erste deutsche Komponist, dessen moderne Lieder (Sacropop) auch im Gottesdienst gesungen wurden. Er hat viele inzwischen sehr bekannt gewordene Lieder und Musikwerke geschrieben und lebt in Telgte auf einem Bauernhof. Er leitet das Peter Janssens Gesangorchester.
Lied Nr. 2, 62 auf MC: „Ich schenk dir einen Sonnenstrahl", Nr. 7, 32 auf MC: „Von Jesus will ich singen", Lied Nr. 27, 28, 29, 30, 31 auf LP und MC: „Kommt alle und seid froh", alle Peter Janssens Musik Verlag. Am Jägerhaus 8, 4404 Telgte.

Wolfgang Jehn lebt in Worpswede und hat neben Liedern und experimenteller Musik viele Lieder, Singspiele und Instrumentalstücke für Kinder geschrieben. Oft lädt er Kinder in seine „Worpsweder Musikwerkstatt" ein.
Lied Nr. 57 auf MC: „Dann fängt Weihnachten an", Paul G. Walter, Eichenweg 15a, 6905 Schriesheim

Detlev Jöcker lebt in Münster und hat viele Songs, Kinderlieder und Singspiele herausgebracht. Er leitet die Gruppe „Menschenkinder" und ist wie die anderen Komponisten oft unterwegs, um mit Kindern, Erziehern und Lehrern im musikalischen Bereich zu arbeiten.
Lied Nr. 3, 8, 9, 17, 18, 19, 24, 36, 37, 41, 67 auf MC: „Weihnachten ist nicht mehr weit", Nr. 6 auf MC: „Licht auf meinem Weg", Nr. 38, 40 auf MC: „Heut' ist ein Tag, an dem ich singen kann, 1. Folge", alle Menschenkinder-Musikverlag, Am Hagen 5, 44 Münster-Hiltrup. Lied Nr. 16 auf LP und MC: „Hoch lebe das Geburtstagskind", Studio Union im Lahn-Verlag, Limburg.

Rolf Krenzer lebt in Dillenburg am Rande des Westerwaldes und leitet dort eine Schule für geistig behinderte Kinder, die Otfried-Preußler-Schule. Neben vielen Texten zu Liedern hat er auch zahlreiche Bücher für Kinder und Erwachsene geschrieben.
Rolf Krenzer hat alle Texte zu den Liedern dieses Buches geschrieben, dazu auch die Melodie zu dem Lied Nr. 58.
Kristina Krenzer, seine Tochter, hat die Melodie zu dem Kanon Nr. 5 geschrieben und den gesamten Notensatz dieses Buches lektoriert.

Frank Stieper lebt in Schneverdingen in der Lüneburger Heide und ist seit 1987 als freier Komponist und Autor für Kinder tätig (Melodramen, Kinderlieder, Liedergeschichten, Kinderkompositionen). U. a. hat er auch ein Lied für die ZDF-Sendung „Schenk mir ein Buch" geschrieben.
Lied Nr. 10, 14, 15, 56, 59, 65 auf MC: „Dann fängt Weihnachten an", Paul G. Walter, Eichenweg 15a, 6905 Schriesheim.

Paul Gerhard Walter lebt in Schriesheim und ist Kantor in Mannheim. Außerdem ist er Musiklektor in einem Verlag. Mit seinem Kinderchor, der „RASSELBAND" (Rasselbänd ausgesprochen) hat er auch die Musikkassette mit den neuen Liedern dieses Buches aufgenommen.
Lied Nr. 11, 12, 13, 20, 21, 23, 25, 61, 63, 64, 66, 71, 72, 73 auf MC: „Dann fängt Weihnachten an", Paul G. Walter, Eichenweg 15a, 6905 Schriesheim.

Rolf Krenzer

Voll Freude ist das ganze Haus

Kinderlieder
und Krippenspiele
zur
Advents- und
Weihnachtszeit

Herder
Freiburg · Basel · Wien

Notengrafik: Herbert Ring und Wolfgang Hanns
Zeichnungen: Dagmar Domina, Dillenburg
Einbandgestaltung: Hans-Peter Kern, Sölden

Printed in Germany
© Verlag Herder Freiburg im Breisgau 1988
Herstellung: Freiburger Graphische Betriebe 1988
ISBN 3-451-21339-7

Voll Freude ist das ganze Haus

In mehr als siebzig neuen Liedern, Spielliedern und Krippenspielen wird von dem erzählt, was die Advents- und Weihnachtszeit so besonders fröhlich und erlebnisreich macht: Frohe und nachdenkliche Lieder, von denen sehr viele bereits im Kindergarten in ein Spiel umgesetzt werden können, andere aber auch in der Familie und mit Erwachsenen gern gesungen werden. Also eine Sammlung neuer weihnachtlicher Lieder, die jedem, der sich mit ihr beschäftigt, neue Anregungen bringt und geradezu dazu auffordert, dieses oder jenes Lied in der Arbeit mit Kindern oder für sich selbst zu entdekken.

In der ersten Abteilung werden unter dem Titel „Wenn unsere Kerze brennt" Adventslieder angeboten, die von der vorweihnachtlichen Freude, von der Erwartung und von der Hoffnung erzählen. Daneben stehen aber auch Schilderungen kleiner Erlebnisse, wie sie wohl jeder von uns irgendwann vor Weihnachten einmal haben kann: Nöte mit dem Wunschzettel finden ebenso Berücksichtigung wie das geheimnisvolle Umgehen mit Weihnachtspäckchen und Weihnachtswünschen. Hierbei sei auf das Lied vom Wichteln vor Weihnachten hingewiesen, das durch die Vertonung des jungen Frank Stieper eine ganz besonders reizvolle Sache geworden ist. Danach folgen Lieder und Spiele, die sich mit den Vorboten des Weihnachtsfestes befassen. Den größten Raum nehmen neue Nikolauslieder ein, wobei auch ein Lied davon erzählt, wie es zu dem gefüllten Sack und den Schuhen vor der Tür der Legende nach gekommen ist. Diese Legende (Voll Freude ist das ganze Haus) läßt sich sogar in ein kleines Musikspiel umsetzen. Aber auch weniger bekannte Vorboten (die heilige Barbara mit den Barbara-Zweigen und die heilige Luzia mit

ihrem Licht) werden in Liedern berücksichtigt.

Einen breiten Raum nehmen Krippenspiele ein, nach denen Jahr für Jahr immer wieder gesucht wird. Der besondere Reiz der hier vorgestellten Spiele liegt darin, daß jedes einzelne Lied des jeweiligen Spiels für sich allein besteht, daß aber aus den ganz unterschiedlichen, auch unterschiedlich schwierigen Angeboten, ein Krippenspiel entstehen kann, das sich aus mehreren Teilen zusammensetzt und – wie beispielsweise „Das kleine Krippenspiel" oder „Die Weihnachtsgeschichte" – spontan mit einer Gruppe oder auch in einer Feier erspielt werden kann. Das Lied: „Hört ihr alle Glocken läuten" läßt sich bereits mit Drei- bis Vierjährigen gestalten, macht aber – gerade weil es so einfach ist – auch in der Grundschule ebensoviel Freude. Es ist ein Spiellied, das ebenso wie die Lieder der Weihnachtsgeschichte, die von Peter Janssens komponiert wurden, in kürzester Zeit weite Verbreitung gefunden hat und immer wieder neue Gestaltungsmöglichkeiten findet. Eines der wichtigsten Lieder dieser Abteilung dürfte das Wiegenlied „Kleines Kind im Stroh" sein, weil es über Weihnachten hinaus auf Ostern hinweist. Ludger Edelkötter hat die zarte Melodie dazu geschrieben.

Die vierte Abteilung stellt einige Legenden-Lieder vor, die alle in ein Spiel umgesetzt werden können. Neben dem Kreisspiel bieten sich hierfür viele weitere Formen an, z. B. Schattenspiel, Menschenschattenspiel, Spiel mit Stabpuppen usw.

Alle Lieder werden wohl vorwiegend in der Vorweihnachtszeit gesungen. In der Zeit also, die die schönste Zeit des Jahres ist: Zeit der Erwartung und der Hoffnung, Zeit der Stille und der Geborgenheit. Aber auch die Zeit, wo sich einer vielleicht mehr Zeit als sonst für den anderen nimmt. „Wann fängt Weihnachten an?" fragt ein Lied und gibt auch eine Antwort: Wenn der Habewas mit dem Habenichts teilt, wenn der Laute bei dem Stummen verweilt und versteht, was der ihm sagen kann ... Ja, dann fängt Weihnachten an! Mein Wunsch ist, daß alle, die sich mit dieser Liedersammlung befassen, darin etwas finden, was ihnen gefällt; und daß sie beginnen, allein und mit anderen zu singen, zu spielen und zu musizieren.

Viel Freude dabei wünscht

Rolf Krenzer

Inhalt

Kleines Städtchen Bethlehem
(Edelkötter/Krenzer) **70/92**
Das Lied vom Weihnachtsstern – Was hat
der Stern am Himmel über Bethlehem
gesehn?*(Walter/Krenzer)** **71/94**

Fröhliches Weihnachtslied – Weil heute
wieder Weihnacht ist
*(Walter/Krenzer)** **72/95**
Sinkt die dunkle Nacht aufs Land (Kanon)
*(Walter/Krenzer)** **73/96**

Alphabetisches Verzeichnis nach Titel und Liedanfängen

* Lieder, die speziell für diese Sammlung neu entstanden und auf der MC „Dann fängt Weihnachten an" von
Paul G. Walter, Eichenweg 15 a, 6905 Schriesheim, erscheinen.

1. Abteilung:
Wenn unsre Kerze brennt

Lieder im Advent
Wir warten auf Weihnachten

Wir zünden eine Kerze an

Text: Rolf Krenzer   *Melodie: Siegfried Fietz
© ABAKUS Schallplatten & ULMTAL Musikverlag,
6349 Greifenstein 2

1. Wir zün - den ei - ne Ker - ze an, da - mit es
je - der se - hen kann: In un - serm Dun - kel brennt ein
Licht. Das sagt uns, Gott ver - gißt uns nicht. Oh
leuch - te, oh leuch - te, du klei - nes Licht, ja
leuch - te und ver - lö - sche nicht!

2. In dunkler, kalter Winternacht
ist dieses kleine Licht erwacht.
Es sagt uns allen: Seid bereit,
denn Weihnachten ist nicht mehr weit.
Oh, leuchte, leuchte, kleines Licht,
leuchte und verlösche nicht!

3. In unsre Welt voll Angst und Leid
schickt Gott den Herrn der Herrlichkeit.
So liegt im Stroh sein armes Kind,
damit wir nicht verloren sind.
Drum leuchte, leuchte, kleines Licht,
leuchte und verlösche nicht!

Das Licht einer Kerze

Text: Rolf Krenzer *Melodie: Peter Janssens
© Peter Janssens Musik Verlag, 4404 Telgte-Westfalen

2

1. Das Licht einer Kerze ist im Advent erwacht.

Eine kleine Ker-ze leuchtet durch die Nacht.

Alle Menschen warten, hier und über-all,

warten voller Hoffnung auf das Kind im Stall. Kind im Stall.

2. Wir zünden zwei Kerzen
jetzt am Adventskranz an.
Und die beiden Kerzen
sagen's allen dann:
Laßt uns alle hoffen
hier und überall,
hoffen voll Vertrauen
auf das Kind im Stall.

3. Es leuchten drei Kerzen
so hell mit ihrem Licht.
Gott hält sein Versprechen:
Er vergißt uns nicht.
Laßt uns ihm vertrauen
hier und überall.
Zeichen seiner Liebe
ist das Kind im Stall.

4. Vier Kerzen hell strahlen
durch alle Dunkelheit.
Gott schenkt uns den Frieden.
Macht euch jetzt bereit:
Gott ist immer bei uns,
hier und überall.
Darum laßt uns loben
unsern Herrn im Stall!

Im Advent, im Advent

Text: Rolf Krenzer   *Melodie: Detlev Jöcker
© Menschenkinder-Verlag, 4400 Münster-Hiltrup

3

1. Im Ad - vent, im Ad - vent ist ein Licht er - wacht, und es leuch - tet, und es brennt durch die dunk - le Nacht. Seid be - reit! Seid be - reit! Denn der Herr al - ler Her-ren ist nicht mehr weit! Seid be - reit! Seid be - reit! Ja, der Herr al - ler Her - ren, der uns be - freit.

2. Im Advent, im Advent
ist das Licht erwacht,
und es leuchtet, und es brennt
durch die dunkle Nacht.
Seid bereit! Seid bereit!
Denn der König des Friedens
ist nicht mehr weit.
Seid bereit! Seid bereit!
Ja, der König des Friedens,
der uns befreit.

3. Im Advent, im Advent
ist das Licht erwacht,
und es leuchtet, und es brennt
durch die dunkle Nacht.
Seid bereit! Seid bereit!

Gottes Sohn, unser Bruder,
ist nicht mehr weit!
Seid bereit! Seid bereit!
Gottes Sohn, unser Bruder,
der uns befreit.

4. Denn es geht im Advent
um ein heller Schein.
Wenn er leuchtet, wenn er brennt,
wird er in uns sein.
Nicht mehr weit! Nicht mehr weit!
Gottes Kind in der Krippe,
das uns befreit.
Nicht mehr weit! Nicht mehr weit!
Gottes Kind in der Krippe!
Drum seid bereit!

Adventslied

Text: Rolf Krenzer   *Melodie: Ludger Edelkötter
© Impulse-Musikverlag, 4406 Drensteinfurt 1

1. Wenn uns - re Ker - ze brennt, dann fei - ern wir Ad - vent.

Es sagt das Licht mit sei - nem Schein: Gott wird stets bei uns sein.

Wir fei - ern den Ad - vent. Wir fei - ern den Ad - vent.

2. Wir machen uns bereit,
   jetzt für die Weihnachtszeit.
   Als Gottes Sohn zur Welt gebracht
   in einer dunklen Nacht.
   Wir machen uns bereit.
   Wir machen uns bereit.

3. Da kam das Licht herein,
   zu uns mit seinem Schein.
   Wir freu'n uns, wenn die Kerze brennt,
   und feiern den Advent.
   Wir feiern den Advent.
   Wir feiern den Advent.

Die im Dunkeln stehn

(Kanon für zwei Stimmen)

Text: Rolf Krenzer   *Melodie: Kristina Krenzer
Alle Rechte bei den Autoren

1. Die im Dun - keln stehn und um sich selbst nur drehn,

2. müs - sen mit dem Her - zen su - chen, um das Licht zu sehn.

5

Licht auf meinem Weg

(Kanon für vier Stimmen)

Text: Rolf Krenzer   *Melodie: Detlev Jöcker

1. Licht auf mei - nem Weg durch die Dun - kel - heit, Licht auf mei - nem

Weg leuch - tet hell und weit. Leuch - tet, leuch - tet hell und weit durch die

Dun - kel - heit. Licht, jetzt und al - le - zeit, leuch - te, Licht!

6

Gott zündet ein Licht an
(Kanon für vier Stimmen)

Text: Rolf Krenzer   *Melodie: Peter Janssens
© Peter Janssens Musik Verlag, 4404 Telgte-Westfalen

7

Gott zün-det ein Licht an in uns, zün-det ein Licht

an in uns, Gott zün-det ein Licht an in uns,

zün-det ein Licht an in uns, und er läßt das

Licht uns in an - de - ren fin - den, und er

läßt das Licht uns_____ in an - dern fin - den.

Laßt euch anstiften

Text: Rolf Krenzer   *Melodie: Detlev Jöcker
© Menschenkinder-Verlag, 4400 Münster-Hiltrup

1. Laßt euch an-stif-ten zur Freu-de! Laßt uns Freu-den-stif-ter sein! Und es fin-den hier und heu-te vie-le Leu-te wie-der Freu-de, und kein Mensch ist mehr al-lein, denn Gott selbst wird bei uns sein. Hal-le-lu-ja, Hal-le-lu-ja, denn Gott selbst wird bei uns sein. selbst wird bei uns sein.

2. Laßt euch anstiften zur Hoffnung!
   Laßt uns Hoffnungsstifter sein!
   Und es finden hier und heute
   viele Leute
   wieder Hoffnung,
   und kein Mensch ist mehr allein,
   denn Gott selbst wird bei uns sein.
   Halleluja ...

3. Laßt euch anstiften zum Frieden!
   Laßt uns Friedensstifter sein!
   Und es finden hier und heute
   viele Leute
   wieder Frieden,
   und kein Mensch ist mehr allein,
   denn Gott selbst wird bei uns sein.
   Halleluja ...

4. Stiftet an mit hellem Leuchten!
Tragt es in die Welt hinein.
Als das Kind im Stall geboren
so verloren,
kam ein Leuchten
mit ihm in die Welt herein,
denn Gott selbst wird bei uns sein.
Halleluja …

5. Laßt euch anstiften zur Liebe,
denn dann findet Frieden statt.
Weil im Stall das Kind, das kleine,
ganz alleine
zu der Liebe
alle angestiftet hat.
Und so findet Frieden statt.
Halleluja …

Wir gehen in einem großen Kreis oder mehreren zur ersten Strophe langsam herum. In der Mitte steht eine große Kerze oder so viele Kerzen, daß später jedes Kind/Teilnehmer eine hat. Eine Kerze brennt.
Zur ersten Strophe halten wir uns an den Händen.
Zur zweiten Strophe halten wir die Hände angefaßt hoch.
Zur dritten Strophe legen wir unseren Nachbarn die Arme über die Schultern, so daß wir ganz eng beieinander sind.

Zur ersten Strophe reichen wir entweder die eine Kerze behutsam herum, so daß sie jeder einmal in der Hand hält. Wenn wir mehrere Kerzen zur Verfügung haben, zünden wir sie an der großen Kerze an und reichen sie weiter, so daß am Ende jeder eine brennende Kerze hat.
Die letzte Strophe kann dazu wiederholt gesungen werden.

Weihnachten ist nicht mehr weit

Text: Rolf Krenzer *Melodie: Detlev Jöcker
© Menschenkinder-Verlag, 4400 Münster-Hiltrup

1. Dik - ke ro - te Ker - zen, Tan - nen - zwei - gen - duft,
und ein Hauch von Heim - lich - kei - ten liegt jetzt in der Luft.
Und das Herz wird weit. Macht euch jetzt be - reit: Bis
Weih - nach - ten, bis Weih - nach - ten ist nicht mehr weit.

2. Schneidern, hämmern, basteln
überall im Haus.
Man begegnet hin und wieder
schon dem Nikolaus.
Ja, ihr wißt Bescheid!
Macht euch jetzt bereit:
Bis Weihnachten,
bis Weihnachten
ist nicht mehr weit!

3. Lieb verpackte Päckchen
überall versteckt,
und die frisch geback'nen Plätzchen
wurden schon entdeckt.
Heute hat's geschneit!
Macht euch jetzt bereit:
Bis Weihnachten,
bis Weihnachten
ist nicht mehr weit!

4. Menschen finden wieder
füreinander Zeit.
Und es klingen alte Lieder
durch die Dunkelheit.
Bald ist es so weit!
Macht euch jetzt bereit:
Bis Weihnachten,
bis Weihnachten
ist nicht mehr weit!

Neunundneunzig Weihnachtsplätzchen

Text: Rolf Krenzer   *Melodie: Frank Stieper
Alle Rechte bei den Autoren

10

1. Neun-und-neun-zig Weih-nachtsplätzchen wur-den heut' ge - bak-ken.

Da - bei half ein je - der-mann, tat sich tüch - tig pla - gen.

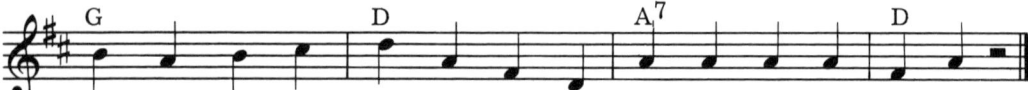

Neun - und - neun-zig Weih-nachtsplätzchen sind seit-dem ver-schwunden.

Neun - und - neun-zig Weih-nachtsplätzchen wur-den nicht ge - fun-den.

Neunundneunzig Weihnachtsplätzchen,
ach, es ist ein Jammer,
waren nicht im Küchenschrank
und der Speisekammer.

Neunundneunzig Weihnachtsplätzchen
waren nicht im Keller.
Neunundneunzig Weihnachtsplätzchen
fehlen auf dem Teller.

‖: Neunundneunzig Weihnachtsplätzchen
in Verenas Magen!
Und sie hat, glaubt's oder nicht,
alle gut vertragen! :‖

Was schenk ich dir zu Weihnachten?

Text: Rolf Krenzer   *Melodie: Paul G. Walter
Alle Rechte bei den Autoren

1. Was schenk ich dir zu Weih-nach-ten, daß es dir Freu-de macht?

Ich ha - be lang vor Weih-nach-ten schon drü-ber nach-ge-dacht.

1. Was schenk ich dir? Was schenk ich dir? Mir fällt fast nichts mehr ein.
Schön ein - ge-rahmt ein Bild von mir? Ein Ring mit ei - nem Stein?

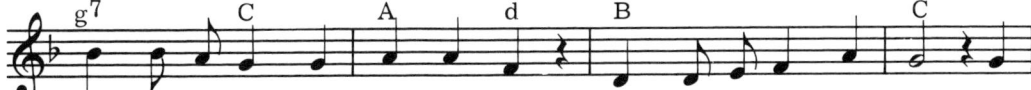

Schenk ich ein Spiel? Ein Ku-schel-tier? Ob dir das wohl ge - fällt? Ein

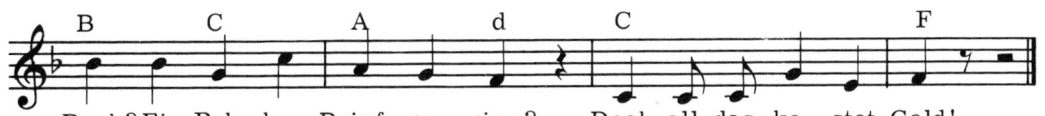

Buch? Ein Pak - ken Brief - pa - pier? Doch all das ko - stet Geld!

2. Für Oma und für Onkel Klaus,
für Mutti und Papa
gab ich mein Taschengeld schon aus,
und jetzt ist nichts mehr da.
Für Opa bastelte ich dann
'ne Kerze, die auch brennt.
Das einz'ge, was ich basteln kann.
Mir fehlt halt das Talent.

3. Jetzt steh ich da und frage mich:
Was könnt's für dich nur sein?
Was Schönes hätt ich gern für dich,
doch mir fällt nichts mehr ein.
Weil ich dich ganz besonders mag,
möcht ich dich gern erfreun.
Drum soll's zu diesem Weihnachtstag
was ganz Besondres sein.

4. Doch als ich heute aufgewacht,
da hatt ich's endlich raus:
Am Weihnachtsmorgen gegen acht
steh ich vor deinem Haus.
Ich rufe: „Hallo, ich bin hier!"
Ich klingel an der Tür
und bleib den ganzen Tag bei dir!
Dann hast du was von mir!

Schluß-Refrain:
Das schenk ich dir zu Weihnachten,
weil das dir Freude macht!
Das hätt'st du dir zu Weihnachten
bestimmt nicht ausgedacht!

Das Wunschzettellied

Text: Rolf Krenzer *Melodie: Paul G. Walter
Alle Rechte bei den Autoren

12

1. Mein Wunschzet-tel ist viel zu lang, und lang-sam wird mir angst und bang, daß mei - ne El - tern, wenn sie ihn ent - dek - ken, er - schrek-ken.

2. Ich hole meinen Bleistift her
und streiche aus. Das fällt mir schwer.
Auf manchen Wunsch kann ich nun mal
mitnichten
verzichten.

3. Mein Wunschzettel ist noch zu lang,
und wieder wird mir angst und bang.
Ich müßt mich, wenn die Eltern dann
ihn nehmen,
noch schämen.

4. Ich hole meinen Bleistift her
und streiche aus jetzt kreuz und quer.
So manches ist, so stelle ich
jetzt richtig,
nicht wichtig.

5. Mein Wunschzettel ist noch zu lang.
Und wieder wird mir angst und bang.
Was sollen meine Eltern dann
nur denken
und schenken?

6. Da werfe ich den Zettel fort
und schreib nichts mehr, kein einz'ges Wort.
Sie werden schon an irgendwas
dran denken
und schenken.

7. Ich wünsch mir überhaupt nichts mehr.
Wie fällt das Warten jetzt so schwer,
wenn alle ein Geheimnis draus
jetzt machen
und lachen.

Das Weihnachtspäckchen

Text: Rolf Krenzer   *Melodie: Paul G. Walter
Alle Rechte bei den Autoren

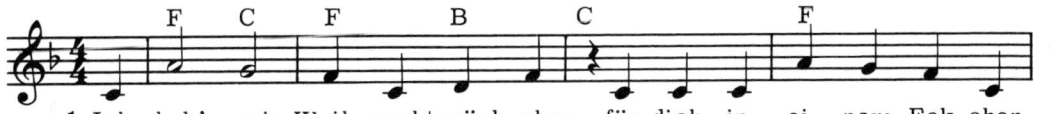

1. Ich hab' mein Weih-nachtspäck-chen für dich in ei - nem Eck-chen

so gut ver - steckt. So wird mein Weih-nachts-päck-chen

be-stimmt in die - sem Eck - chen *(ab Vers 2)*

auch nicht ent - deckt.

13

2. Ich hab' mein Weihnachtspäckchen
für dich in einem Eckchen
so gut versteckt.
Ich steckt' es in ein Säckchen.
So wird mein Weihnachtspäckchen
bestimmt in dem Versteckchen
auch nicht entdeckt.

3. Ich hab' mein Weihnachtspäckchen
für dich in einem Eckchen
so gut versteckt.
Ich wickelt's in ein Deckchen
und steckt' es in ein Säckchen.
So wird mein Weihnachtspäckchen
bestimmt in dem Versteckchen
auch nicht entdeckt.

4. Nun krieg' ich doch ein Schreckchen!
Ich hab' dein Weihnachtspäckchen
zu gut versteckt.
Ich wickelt's in ein Deckchen
und steckt' es in ein Säckchen.
Ich such dein Weihnachtspäckchen,
ich such' in jedem Eckchen
und habe das Versteckchen
nicht mehr entdeckt.

Das Lied vom Wichteln vor Weihnachten

Text: Rolf Krenzer *Melodie: Frank Stieper
Alle Rechte bei den Autoren

14

1. Du öff - nest dei - ne Wohnungs-tür und wun-derst dich doch sehr. Wo kommt das klei - ne Päckchen schon für dich heut' mor - gen her? Zwölf Plätz-chen sind im Päck-chen drin, an dem ein Zet - tel hängt: Nun ra - te, lie - ber Va - len - tin, wer dir das heu - te schenkt!

Refrain:

Das ist der Weihnachts-wichtel, der heim-lich ü - ber Nacht was Schö - nes, Fei - nes, Klit - ze - klei - nes für dich aus - ge - dacht und heim - lich dir ge - bracht.

2. Und kommst du in den Gruppen-(Klassen-)
raum,
da liegt auf deinem Tisch
ein Tannenzweig mit einem Licht,
und der ist auch für dich.
Du wunderst dich und siehst dann auch,
daß da ein Zettel hängt:
Nun rate, lieber Valentin,
wer heute an dich denkt.
Refr.: Das ist der Weihnachtswichtel ...

3. Am Freitagnachmittag um fünf,
da klingelt es bei dir.
Du öffnest. Es ist keiner da.
Ein Brief liegt vor der Tür.
Ein Brief mit einem schönen Bild,
an dem ein Zettel hängt:
Nun rate, lieber Valentin,
wer dir das heute schenkt.
Refr.: Das ist der Weihnachtswichtel ...

4. Da überlegst du hin und her.
   Wer mag denn das nur sein?
   Und wen du fragst, der lächelt nur
   und sagt bedauernd: „Nein!"
   Vielleicht könnt es der Carsten sein,
   auch Markus oder Klaus,
   die Steffi oder Ann-Katrein.
   Du findest nichts heraus.
   Refr.: Das ist der Weihnachtswichtel …

5. Du weißt nur, daß der Thomas auch
   genau so ratlos ist.
   Er merkt beim besten Willen nicht,
   daß *du* sein Wichtel bist.
   Erst heute hat der Thomas dich
   schon wieder mal gefragt.
   „Das kommt erst Weihnachten heraus!"
   hast du ihm da gesagt.
   Refr.: Das ist der Weihnachtswichtel …

Leise, seid doch leise

Text: Rolf Krenzer   *Melodie: Frank Stieper
Alle Rechte bei den Autoren

1. Lärm auf al-len Stra-ßen, Lärm in al-len Gas-sen. Ju-bel, Tru-bel, Hei-ter-keit: Weih-nach-ten ist nicht mehr weit! Lauf und lauf, lauf und lauf! Am Heil-gen A-bend, denk dar-an, ist kein Ge-schäft mehr auf!

Refrain:
Lei-se, seid doch lei-se, wenn Gott zu uns spricht. Denn was Gott uns sa-gen will, hört ihr sonst doch nicht.

2. Alle Leute laufen,
   kaufen und verkaufen.
   Eile, Hast, Geschäftigkeit:
   Weihnachten ist nicht mehr weit!
   Lauf und kauf,
   kauf und lauf!
   Am Heil'gen Abend, denk daran,
   ist kein Geschäft mehr auf!

   Refr.: Leise, seid doch leise ...

3. Jetzt an andre denken!
   Jedem auch was schenken!
   Hektik, Streß und keine Zeit:
   Weihnachten ist nicht mehr weit!
   Lauf und kauf,
   kauf und lauf!
   Am Heil'gen Abend, denk daran,
   ist kein Geschäft mehr auf!

   Refr.: Leise, seid doch leise ...

4. Und der Weihnachtsbraten
   soll doch auch geraten.
   Vorbestellung! Höchste Zeit!
   Weihnachten ist nicht mehr weit!
   Lauf und kauf,
   kauf und lauf!
   Am Heil'gen Abend, denk daran,
   ist kein Geschäft mehr auf!

   Refr.: Leise, seid doch leise ...

5. Einst vor vielen Jahren
   hat's die Welt erfahren:
   In dem Stall in tiefer Nacht
   wurd' das Kind zur Welt gebracht
   Werdet still,
   werdet still
   und hört, was Gott in dieser Nacht
   uns allen sagen will.

   Refr.: Leise, seid doch leise,
   wenn Gott zu uns spricht.
   Denn was Gott uns sagen will,
   hört ihr sonst doch nicht.

Weihnachtswunsch

Text: Rolf Krenzer   *Melodie: Lele und Detlev Jöcker
© Studio Union im Lahn-Verlag, Limburg

16

1.Ich möcht' ein biß-chen glück-lich sein. Ich möch-te mich mit an-dern freun. Ich wünsch' mir, daß mich je-mand fragt: "Wie geht es dir?" und ein-fach sagt: "Ich mag dich und bin gern bei dir!" Das wünsch' ich mir!

2. Ich möcht ein bißchen glücklich sein.
   Ein Anruf würde mich schon freun.
   „Hallo! Wie geht's? Mach's gut!" und dann:
   „Rufst du mich morgen auch mal an?"
   „Ja, ganz bestimmt! So gegen vier!"
   Das wünsch' ich mir!

3. Ich möcht ein bißchen glücklich sein.
   Käme doch einer mal herein
   und sagt: „Ich hab an dich gedacht
   und dir mich selbst heut mitgebracht.
   Ich bleib, solang du willst, bei dir!"
   Das wünsch' ich mir!

4. Ich möcht ein bißchen glücklich sein.
   Ein Brief, ein Zettel winzig klein.
   Ein Händedruck, ein nettes Wort,
   ein Lächeln ... und ich spür' sofort:
   Mir geht es ebenso wie dir!
   Das wünsch' ich mir!

2. Abteilung:
Sei gegrüßt, lieber Nikolaus!

Vorboten der Weihnachtszeit

Knospen springen auf
(Kanon für drei Stimmen)

Text: Rolf Krenzer *Melodie: Detlev Jöcker
© Menschenkinder-Verlag, 4400 Münster-Hiltrup

17

Knos-pen sprin-gen auf, Blü-ten an den Zwei-gen blü-hen in der

Win-ter-nacht. Neu-es Le-ben ist er-wacht. Gott will durch sein

Kind   sei-ne Lie-be zei-gen.

Knospen springen auf,
Blüten an den Zweigen

(Wir halten ganz behutsam zwischen unseren Händen eingebettet die kleine Knospe. Wir öffnen die Hände leicht, so daß sie wie Blütenblätter aussehen.)

blühen in der Winternacht.
Neues Leben ist erwacht.

(Unsere Hände öffnen sich immer weiter; mit beiden Händen bilden wir über uns eine große Blüte.)

Gott will durch sein Kind
seine Liebe zeigen.

(Wir öffnen unsere Hände, so daß wir sie unseren linken und rechten Nachbarn reichen können.)

Voll Freude ist das ganze Haus

Text: Rolf Krenzer   *Melodie: Detlev Jöcker
© Menschenkinder-Verlag, 4400 Münster-Hiltrup

18

1. Im Haus herrscht gro-ße Not. Im Haus herrscht gro-ße Not.

Der Va-ter krank. Die Mut-ter tot. Drei Kin-der und kein Bis-sen Brot.

Ach, hilf uns, gro-ßer Gott! So groß ist uns-re Not!

Refrain:

So schickt Gott ei-nen Hel-fer aus. Er schickt ihn in das letzt-te

Haus und zeigt, daß je-der-mann dem an-dern hel-fen kann.

Und zeigt, daß je-der-mann dem an-dern hel-fen kann.

2. Was ist heut nacht geschehn?
Was ist heut nacht geschehn?
Seht ihr den Sack dort an der Tür?
Wenn ihr ihn öffnet, findet ihr
das allerbeste Brot.
Vorbei ist unsre Not!
    Refr.:
    Voll Freude ist das ganze Haus.
    Wir packen froh die Sachen aus
    und können nicht verstehn,
    was heute nacht geschehn!

3. Was ist heut nacht geschehn?
Was ist heut nacht geschehn?
Ein zweiter Sack: Für jedes Kind
die Kleider, die so nötig sind.
Wir ziehen sie gleich an
und freuen uns daran.
    Refr.:
    Voll Freude ist das ganze Haus.
    Wir packen froh die Sachen aus
    und können nicht verstehn,
    was heute nacht geschehn!

4. Was ist heut nacht geschehn?
   Was ist heut nacht geschehn?
   Ein dritter Sack! Jetzt greift nur zu!
   Für jeden gibt es warme Schuh.
   Und habt ihr schon entdeckt,
   was in dem Sack versteckt?
       Refr.:
       Voll Freude ist das ganze Haus.
       Packt Äpfel, Plätzchen, Nüsse aus!
       Könnt ihr's auch nicht verstehn,
       was heute nacht geschehn.

5. Wer teilt das alles aus?
   Der Vater läuft hinaus
   und trifft nicht weit von unserm Haus
   den guten Bischof Nikolaus.
   Der winkt ihm freundlich zu.
   Und fort ist er im Nu.
       Refr.:
       Voll Freude ist das ganze Haus.
       Hab Dank, du guter Nikolaus!
       Jetzt können wir verstehn,
       was heute nacht geschehn!

6. Sag, willst du mit mir gehn?
   Dann kannst du's selber sehn:
   Ich geh wie einst der Nikolaus
   von Tür zu Tür, von Haus zu Haus
   und teile Gaben aus –
   grad wie der Nikolaus.
       Refr.:
       Noch immer geht der Nikolaus
       mit seinem Sack von Haus zu Haus.
       Und klingelt's an der Tür,
       dann kommt er auch zu dir!

*Zu diesem Lied kann ein Spiel
oder ein Schattenspiel gestaltet werden.*

Sei gegrüßt, lieber Nikolaus

Text: Rolf Krenzer   *Melodie: Detlev Jöcker
© Menschenkinder-Verlag, 4400 Münster-Hiltrup

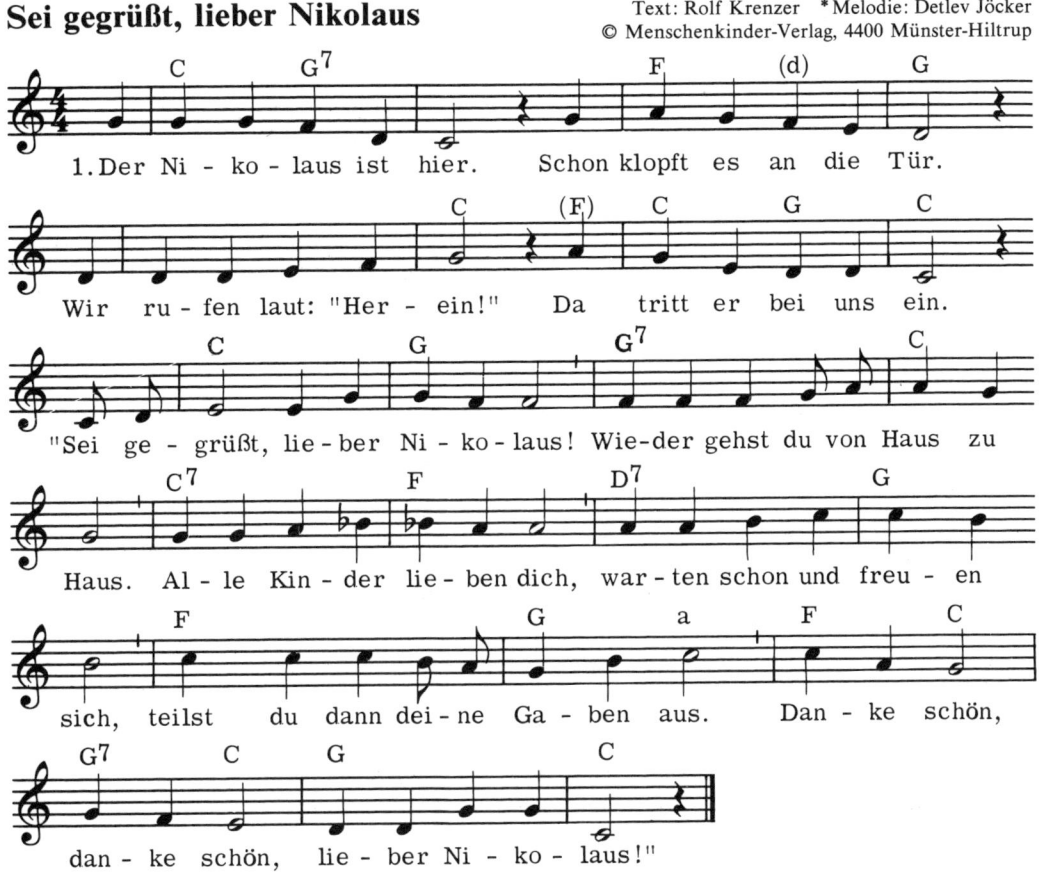

19

1. Der Ni - ko - laus ist hier. Schon klopft es an die Tür. Wir ru - fen laut: "Her - ein!" Da tritt er bei uns ein. "Sei ge - grüßt, lie - ber Ni - ko - laus! Wie-der gehst du von Haus zu Haus. Al - le Kin - der lie - ben dich, war - ten schon und freu - en sich, teilst du dann dei - ne Ga - ben aus. Dan - ke schön, dan - ke schön, lie - ber Ni - ko - laus!"

2. Der Nikolaus ist hier.
   Hat jemand Angst vor mir?
   Wir rufen ganz laut: „Nein!"
   Dann komm ich gern herein!
   „Sei gegrüßt lieber Nikolaus ..."

3. Du bist ein lieber Mann!
   Das sieht dir jeder an!
   Siehst wie ein Bischof aus!
   Wie Bischof Nikolaus!
   „Sei gegrüßt lieber Nikolaus ..."

4. Der Bischof Nikolaus
   ging einst von Haus zu Haus.
   Da warn die Kinder froh.
   Und das ist heut noch so!
   „Sei gegrüßt lieber Nikolaus ..."

5. Der Bischof Nikolaus
   teilt einst die Gaben aus.
   Du machst es ebenso.
   Drum sind wir Kinder froh.
   „Sei gegrüßt lieber Nikolaus ..."

6. Mußt du dann weitergehn
   und sagst auf Wiedersehn,
   gehn wir mit bis zur Tür,
   und alle winken dir.
   „Sei gegrüßt lieber Nikolaus ..."

Den Nikolaus hab' ich gesehn

Text: Rolf Krenzer　*Melodie: Paul G. Walter
Alle Rechte bei den Autoren

20

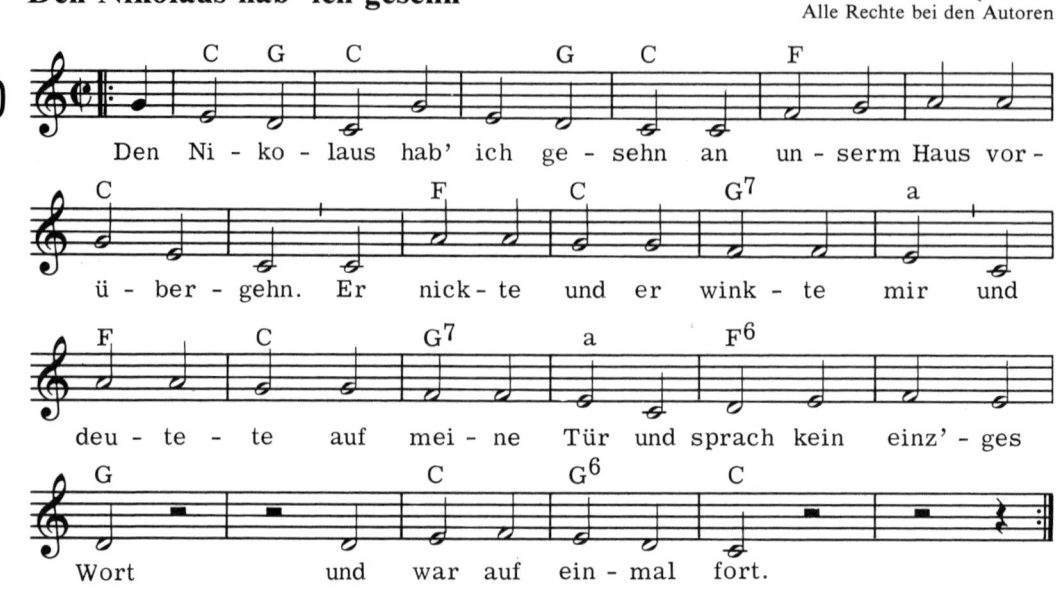

Den Ni - ko - laus hab' ich ge - sehn an un - serm Haus vor -

ü - ber - gehn. Er nick - te und er wink - te mir und

deu - te - te auf mei - ne Tür und sprach kein einz' - ges

Wort und war auf ein - mal fort.

Nach und nach werden die einzelnen zusammenhängenden Wörter durch Gesten ersetzt.

Den Nikolaus (Sack auf dem Rücken andeuten)
hab' ich gesehn (Hand über den Augen)
an unserm Haus (mit beiden Händen über dem Kopf Dach zeigen)
vorübergehn (mit den Händen laufen andeuten).
Er nickte (nicken)
und er winkte mir (winken)
und deutete (mit dem Finger deuten)
auf meine Tür (auf mich zeigen)
und sprach kein einz'ges Wort (Finger auf den Mund)
und war auf einmal fort (Hände ganz schnell hinter den Rücken).

Nikolaus, ich wart' auf dich

Text: Rolf Krenzer *Melodie: Paul G. Walter
Alle Rechte bei den Autoren

21

1. Ni - ko - laus, ich wart' auf dich! Kommst du und be -
suchst du mich? War - te schon so lan - ge hier. Ach,
komm doch auch zu mir!

2. Draußen ist schon dunkle Nacht.
Hast du auch an mich gedacht?
‖: Schau so lang schon nach dir aus!
Komm auch zu mir nach Haus! :‖

3. Nikolaus, wo bleibst du bloß?
Ich bin doch noch nicht zu groß!
‖: Werde mich von Herzen freun!
Komm doch zu mir herein! :‖

4. Warte schon so lange Zeit.
Weiß ja, daß dein Weg so weit.
‖: Lautes Rumpeln an der Tür:
Der Nikolaus ist hier! :‖

Ich wollt', ich wär' der Nikolaus

Text: Rolf Krenzer   *Melodie: Siegfried Fietz
© ABAKUS Schallplatten & ULMTAL Musikverlag,
6349 Greifenstein 2

22

1. Ich wollt', ich wär' der Ni-ko-laus. Das wä-re wun-der-schön! Ich wür-de laut von Haus zu Haus am Win-ter-a-bend gehn.

2. Ich habe einen großen Sack
und trag' ihn ganz allein.
Und alles böse Lumpenpack,
das steck' ich da hinein.

3. Doch hat da etwa Angst ein Kind
vor mir, dem Nikolaus,
zieh' ich den Mantel aus geschwind
und seh' wie immer aus.

4. Vom Kopf nehm' ich die Mütze dann,
damit es keinen graut.
Dann kommt zum Schluß der Bart noch dran,
und alle lachen laut!

5. Ich möcht' so gern von Haus zu Haus
am Winterabend gehn.
Ich wollt', ich wär' der Nikolaus.
Das wäre wunderschön!

Wer klingelt an der Tür?

Text: Rolf Krenzer   *Melodie: Paul G. Walter
Alle Rechte bei den Autoren

1. Wer klin-gelt an der Tür? Wer mag denn das nur sein?
Da will doch je - mand was von mir und will zu mir her - ein.

23

2. Gewartet hab' ich schon
so lange, lange Zeit.
Doch lieber lief' ich jetzt davon,
denn jetzt ist es soweit.

3. Es klingelt an der Tür.
Schon wieder geht es los.
Da will doch jemand was von mir.
Was mache ich jetzt bloß?

4. Was tu ich? Sag mir, was?
Ich bin schon so nervös!
Vielleicht versteht er keinen Spaß
und wird am Ende bös.

5. Es klingelt an der Tür.
Er muß es wirklich sein!
Er wankt und weicht nicht und bleibt hier
und will zu mir herein.

6. Da bleibt mir keine Wahl.
Der Nikolaus ist hier!
Ich geh' und öffne voller Qual
ihm jetzt die Wohnungstür.

(Siehe Fortsetzung nächste Seite.)

7. Wer steht vor uns - rer Tür? Das kriegt ihr nie her - aus!

Mein gro - ßer Bru - der steht vor mir und nicht der Ni - ko - laus.

Mein gro - ßer Bru - der steht vor mir und lacht mich auch noch aus.

Mein gro - ßer Bru - der steht vor mir und lacht mich auch noch aus.

Luzia ist wieder hier

Text: Rolf Krenzer   *Melodie: Detlev Jöcker
© Menschenkinder-Verlag, 4400 Münster-Hiltrup

24

1. Lu - zi - a, Lu - zi - a, Lu - zi - a ist wie - der hier. Lu - zi - a,

Lu - zi - a, komm doch auch zu mir! komm doch auch zu mir!

1. Du schläfst ja noch! Du schläfst ja noch! Ich kom - me leis und weck dich

doch! Es leuch - tet hell mein Licht dir mit - ten ins Ge - sicht.

2. Und wirst du wach,   und schau mal nach.
   und wirst du wach,   Ich bringe dir was mit!
   dann folge mir   Drum: Guten Appetit!

In Schweden weckt die älteste Tochter in der Familie als Luzia verkleidet alle Familienmitglieder und bietet ihnen Kostproben des Weihnachtsgebäcks an.

Wir liegen im Kreis auf der Erde und schließen die Augen, als ob wir noch schlafen. Nur ein bißchen blinzeln darf man. Ein Kind spielt die Luzia. Es zieht einen weißen Kittel an, in dessen Taschen frisch gebackene Plätzchen oder andere Süßigkeiten sind. In der Hand hält die Luzia eine Kerze. Und auf dem Haar trägt sie einen Kranz oder ein Band. Ein mitspielendes Kind geht mit ihr nun im Kreis an den Schläfern vorbei. Es hat ihr vorher auch beim Anziehen geholfen.

Nun sucht sich die Luzia ein schlafendes Kind aus und weckt es mit ihrem Licht. Dieses steht auf und geht bis zur Mitte des Kreises hinter Luzia her. Dann darf es in ihre Tasche greifen und sich etwas herausnehmen und in den Mund stecken.

Die Luzia zieht nun den Kittel aus und übergibt ihn dem Spieler, der sie bisher begleitet hat. Dieser Spieler wird nun die Luzia darstellen. Und der Schläfer, der sich seine Belohnung aus dem Kittel geholt hat, wird nun der Begleiter. Der Spieler, der die Luzia gespielt hat, legt sich dorthin, wo vorher der Schläfer im Kreis gelegen hat. So kann das Spiel weitergehen.

3. Abteilung:
Habt ihr noch ein Zimmer frei?

Krippenspiele

Das kleine Krippenspiel

Text: Rolf Krenzer *Melodie: Paul G. Walter
Alle Rechte bei den Autoren

1. Szene: Maria und Josef gehen zu einem Gasthaus und klopfen an

25

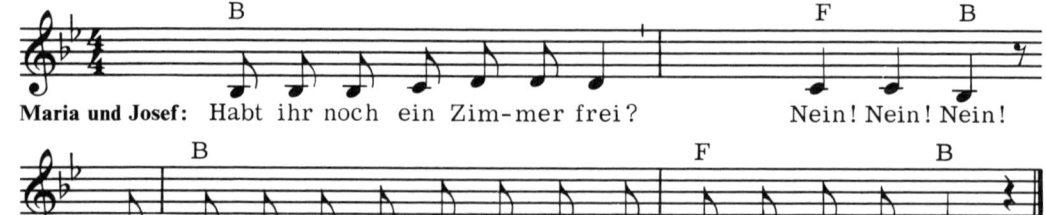

Maria und Josef: Habt ihr noch ein Zim-mer frei?   Nein! Nein! Nein!

1. Wirt: Viel-leicht wird noch im nächsten Haus ein Zim-mer für euch sein.

Maria und Josef gehen weiter zum nächsten Gasthaus.

Maria und Josef: Habt ihr noch ein Zim-mer frei?   Nein! Nein! Nein!

2. Wirt: Viel-leicht wird noch im näch-sten Haus ein Zim-mer für euch sein.

Maria und Josef gehen weiter.

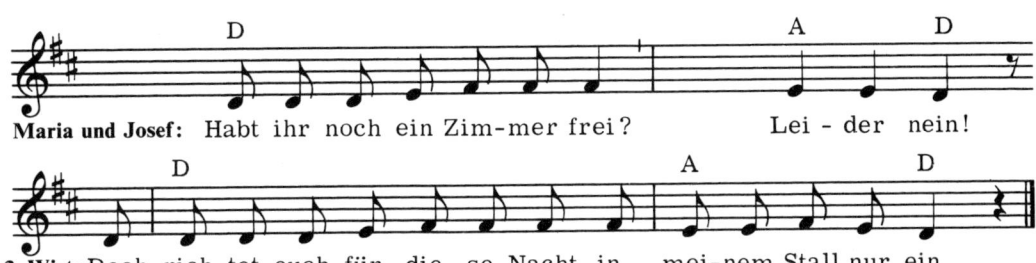

Maria und Josef: Habt ihr noch ein Zim-mer frei? Lei - der nein!

3. Wirt: Doch rich-tet euch für die - se Nacht in mei-nem Stall nur ein.

Er führt Maria und Josef zum Stall.

Maria und Josef: Kalt und dun - kel ist's im Stall. Tre - tet ein!

3. Wirt: Ich stel - le die La - ter - ne in den dunk-len Stall hin - ein.

Josef: Hell ist's jetzt im klei-nen Stall. Komm her - ein!

Maria: Und mor-gen früh wird in dem Stall das Kind ge - bo - ren sein.

2. Szene: Die Hirten werden von den Engeln geweckt

Hirten: Sind noch Hir - ten auf dem Feld in der Nacht

und hal - ten hier die gan - ze Zeit bei ih - ren Scha-fen Wacht?

Die Hirten erblicken die Engel.

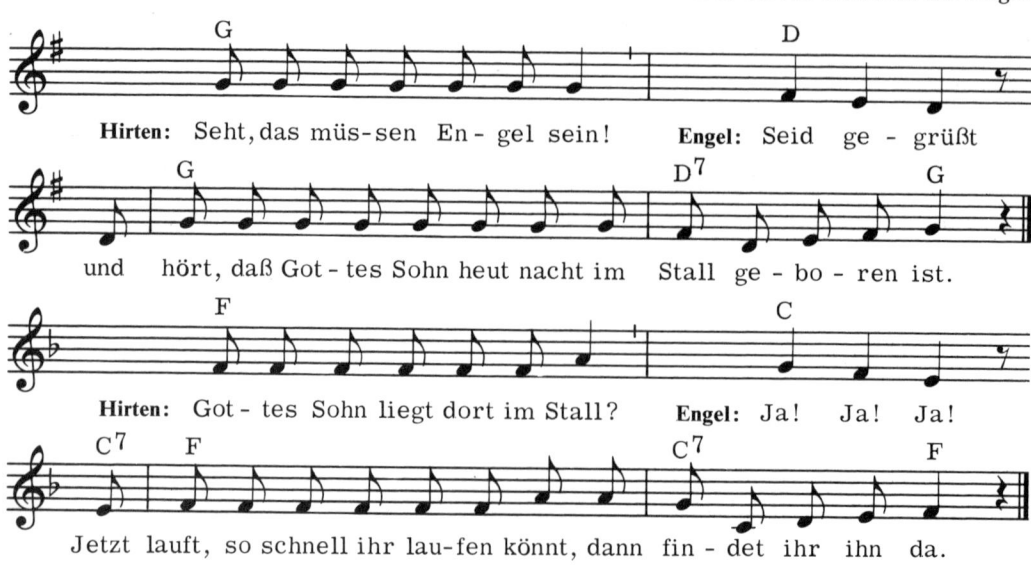

Hirten: Seht, das müs-sen En - gel sein! **Engel:** Seid ge - grüßt

und hört, daß Got - tes Sohn heut nacht im Stall ge - bo - ren ist.

Hirten: Got - tes Sohn liegt dort im Stall? **Engel:** Ja! Ja! Ja!

Jetzt lauft, so schnell ihr lau-fen könnt, dann fin - det ihr ihn da.

Die Hirten laufen zum Stall.

3. Szene: Anbetung im Stall

Hirten: Got - tes Sohn liegt hier im Stall? **Maria und Josef:** Kommt her - ein

und tre - tet zu der Krip - pe hin, um nah bei ihm zu sein!

Hirten: En - gel ha - ben uns ge - schickt in der Nacht.

Wir kom - men gern, weil dieses Kind uns al - le glück-lich macht.

Maria: In der Krip-pe liegt das Kind.   Hirten: Sei ge - grüßt,

weil du der Herr des Him-mels und der gan-zen Er - de bist.

Sie knien vor der Krippe.

4. Szene: Die Sterndeuter beten das Kind an

Die Sterndeuter kommen. Der Stern geht ihnen voran.

Josef: Seht, drei Her-ren vor der Tür!   Maria: Tre - tet ein!

Sterndeuter: Der Kö - nig muß, das zeigt der Stern, grad hier ge - bo - ren sein!

Hört, wir fol - gen lan - ge Zeit die - sem Stern und fin - den jetzt im

die-sem Stall den Kö - nig, un - sern Herrn!

Sie knien vor der Krippe.

(Schlußgesang auf der nächsten Seite.)

Alle singen zusammen:

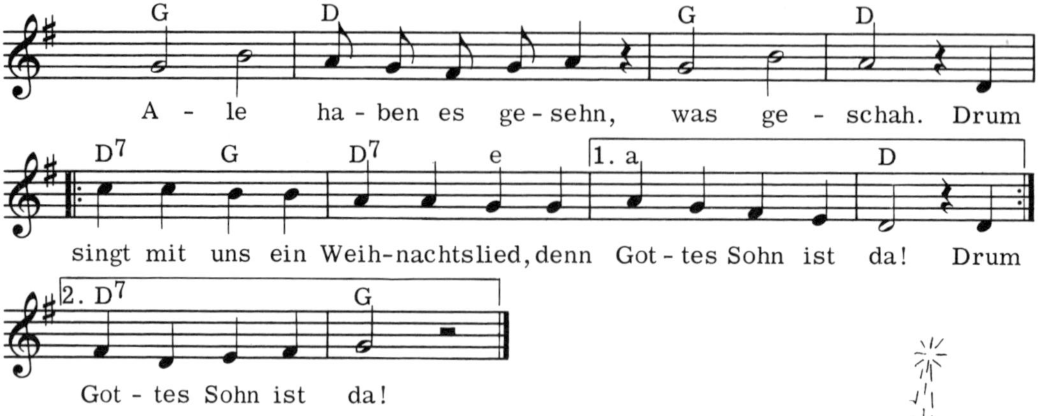

| G | D | G | D |

A - le ha - ben es ge - sehn, was ge - schah. Drum

| D⁷ | G | D⁷ | e | 1. a | D |

singt mit uns ein Weih-nachtslied, denn Got - tes Sohn ist da! Drum

| 2. D⁷ | G |

Got - tes Sohn ist da!

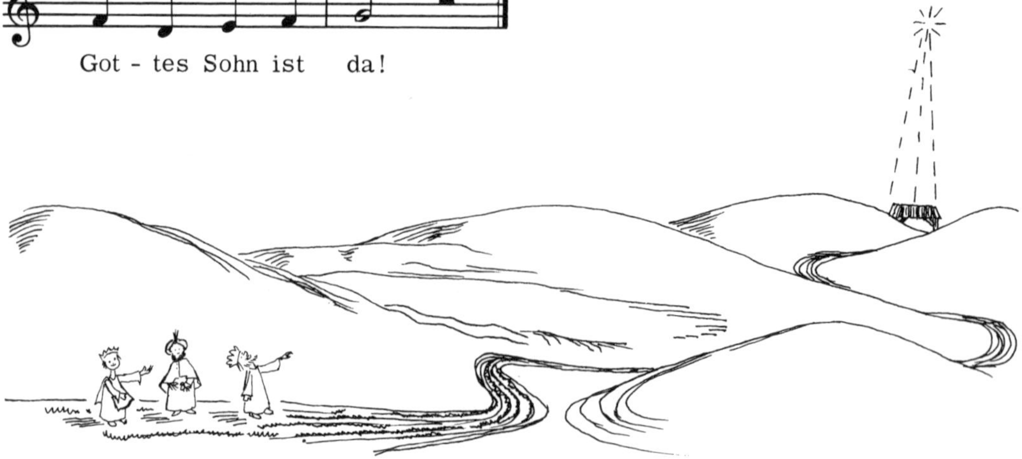

Kanon: Ein Licht leuchtet auf in der Dunkelheit

Text: Rolf Krenzer
*Melodie: Ludger Edelkötter
© Impulse-Musikverlag, 4406 Drensteinfurt 1

26

| 1. C | a | F | G 2. | C | a |

Ein Licht leuch - tet auf in der Dun - kel - heit, sein Schein dringt zu

| F | G | 3. C | a | F | G |

uns in uns - re Zeit, be - zwingt Angst und Leid und be - freit.

Ach, ich kann nicht mehr – Herbergssuche

Kleines Musikspiel

Text: Rolf Krenzer   *Melodie: Peter Janssens
© Peter Janssens Musik Verlag, 4404 Telgte-Westfalen

27

Maria und Josef gehen von einem Gasthaus zum anderen.
Sie bitten um Aufnahme. Sie werden immer wieder weitergeschickt.
Zum Schluß zeigt ihnen ein Gastwirt den Stall.

In der Nacht

Text: Rolf Krenzer   *Melodie: Peter Janssens
© Peter Janssens Musik Verlag, 4404 Telgte-Westfalen

28

1.- 6. In der Nacht, in der Nacht, mit-ten in der Nacht hat Ma - ri - a ein Kind zur Welt ge - bracht.

1. Legt das Kind, arm und klein, in die Krip - pe hin - ein.
2. In der fin - ste - ren Nacht ist ein Stern auf - ge - wacht.
3. Kom-men Hir - ten her - ein, um dem Kind nah zu sein.
4. Wei - se Män - ner von fern fin - den hier un - sern Herrn.
5. Got - tes Sohn liegt im Stall, ja, da kom-men wir all.
6. Ja, da kom-men wir gern, und wir lo - ben den Herrn.

1.-6. In der Nacht, mit-ten in der Nacht.

Zu jeder Strophe gehen einige Mitspieler zur Krippe.
Zum Schluß des Liedes bilden alle einen Kreis und fassen sich an den Händen.
(Der Chorsatz ist auch instrumental ausfürbar.)

Sieben Hirten schlafen

Text: Rolf Krenzer *Melodie: Peter Janssens
© Peter Janssens Musik Verlag, 4404 Telgte-Westfalen

1. Sie-ben Hir-ten schlafen hier bei ih-ren Scha-fen. Da, ein hel-les Licht! Und der En-gel spricht:

Chor und alle (die Hauptstimme liegt oben):

Heu-te ist Je-sus ge-bo-ren, lauft zum Stall!

2. Noch sechs Hirten schlafen
   hier bei ihren Schafen.
   Da, ein helles Licht!
   Und der Engel spricht: (Chor und alle)
   Heute ist Jesus geboren ...

3. Noch fünf Hirten schlafen
   hier bei ihren Schafen.
   Da, ein helles Licht!
   Und der Engel spricht: (Chor und alle)
   Heute ist Jesus geboren ...

4. Noch vier Hirten schlafen
   hier bei ihren Schafen.
   Da, ein helles Licht!
   Und der Engel spricht: (Chor und alle)
   Heute ist Jesus geboren ...

5. Noch drei Hirten schlafen
   hier bei ihren Schafen.
   Da, ein helles Licht!
   Und der Engel spricht: (Chor und alle)
   Heute ist Jesus geboren ...

6. Noch zwei Hirten schlafen
   hier bei ihren Schafen.
   Da, ein helles Licht!
   Und der Engel spricht: (Chor und alle)
   Heute ist Jesus geboren ...

7. Seht ihr den noch schlafen
   hier bei seinen Schafen.
   Da, ein helles Licht!
   Und der Engel spricht: (Chor und alle)
   Heute ist Jesus geboren ...

8. Sieben Hirten schlafen
   nicht mehr bei den Schafen.
   Kommt ihr Hirten all,
   kommt und lauft zum Stall! (Chor und alle)
   Heute ist Jesus geboren ...

Immer, wenn der Engel einen neuen Hirten weckt,
darf das Licht angeknipst werden.

Komm mit mir

Text: Rolf Krenzer *Melodie: Peter Janssens
© Peter Janssens Musik Verlag, 4404 Telgte-Westfalen

Lied für Gemeinde und Chor

30

1.- 3. Komm mit mir, komm mit mir, wir ge - hen zum Stall!

Komm mit mir, komm mit mir, wir freu - en uns all. all.

1. Dem Kind in der Krip - pe, dem schen-ken wir heut, was
2. Im Stall liegt das Kind hier auf Heu und auf Stroh. Der
3. Das Kind in der Krip - pe, es heißt Je - sus Christ. Wir

1. gut ist, was schön ist, da - mit es sich freut.
2. Herr ist ge - bo - ren, wir sind al - le froh.
3. freun uns, weil heut sein Ge - burts - tag ___ ist.

(Der Chorsatz ist auch instrumental ausführbar.)

Ein Spieler bleibt vor einem anderen stehen und fragt ihn: „Was willst du dem Kind schenken?"
Der zweite Spieler zeigt sein Geschenk oder nennt es. Der erste Spieler nimmt ihn mit, und beide
beziehen einen dritten in das Spiel ein. Es folgen immer mehr, so daß schließlich alle in einer lan-
gen Reihe mitgehen und dem Kind ihre Geschenke bringen.

Hier kommen die Könige

Text: Rolf Krenzer   *Melodie: Peter Janssens
© Peter Janssens Musik Verlag, 4404 Telgte-Westfalen

31

Die Sterndeuter kommen nach Bethlehem

Text: Rolf Krenzer   * Melodie: Peter Janssens
© Peter Janssens Musik Verlag, 4404 Telgte-Westfalen

Eine Karawane zieht heran

32

1. Ram pa pa pam pa pa ram pa pa pan, ei - ne Ka - ra-
wa - ne zieht her - an, fragt ü - ber-all im Land,
ob hier et - was be - kannt. Es fra - gen die Män - ner, die
klu - gen, die wei - sen: Wo ist un - ser Kö - nig, den Gott uns ver-
hei - ßen? Ram pa pa pam pa pa ram pa pa pan, seht,
der Stern am Him-mel kün-det's an.

Da capo Verse 2–5

2. Ram pa pa pam pa pa ram pa pa pan.
   Und sie fragen bei Herodes an.
   Vorsicht. Er fürchtet gleich
   um seinen Thron, sein Reich.
   So sagt er den Männern, den klugen und weisen
   Ich will diesem König selbst Ehre erweisen.
   Ram pa pa pam pa pa ram pa pa pan.
   Doch droht er den Mord ihm heimlich an.

3. Ram pa pa pam pa pa ram pa pa pan.
   Gottes heller Stern zieht uns voran,
   zieht von Jerusalem
   weiter nach Bethlehem.
   So finden die Männer, die klugen und weisen
   im Stall dann den König, den Gott uns verheißen.
   Ram pa pa pam pa pa ram pa pa pan.
   Und sie beten Gottes Sohn dort an.

4. Ram pa pa pam pa pa ram pa pa pan.
   Horcht, Soldaten ziehen schon heran.
   Packt und geht heut noch fort!
   Schon ist geplant der Mord.
   Sonst wird der Herodes euch alle verderben.
   Er will Jesu Tod. Euer Kind soll hier sterben.
   Ram pa pa pam pa pa ram pa pa pan.
   Kommt, vertraut euch Gottes Führung an.

5. Ram pa pa pam pa pa ram pa pa pan.
   Was hat dieses Kind euch nur getan?
   Hilflos und noch so klein
   kann es nicht sicher sein.
   Das Kind voller Liebe, von Gott uns gegeben,
   schon trachten die Mächtigen nach seinem Leben.
   Ram pa pa pam pa pa ram pa pa pan.
   Nehmt doch dieses Kind mit Liebe an.

Die Sterndeuter ziehen mit ihren Begleitern in einer langen Karawane durch das Land, kommen zu Herodes und finden endlich das Kind im Stall, fallen auf die Knie und huldigen ihm. Danach zieht die Karawane wieder davon.

Wenn die Soldaten des Königs Herodes näher kommen, schlagen wir einen immer härter werdenden Rhythmus. Die Soldaten selbst sind nicht zu sehen, aber Josef geht mit Maria traurig fort. Sie sind wieder ganz allein wie zu Beginn der Weihnachtsgeschichte.

Herbergssuche

Text: Rolf Krenzer   *Melodie: Klaus Irmer
Alle Rechte bei den Autoren

Maria und Josef klopfen an ein Gasthaus an.

1.Gruppe: Wer klopft denn hier? Wer klopft denn hier? **2.Gr.:** Zwei Men-schen ste-hen

vor der Tür.   **1. Gr.:** Was wollt ihr zwei? Was wollt ihr zwei?

2. Gr.: Ist noch ein Zim-mer frei? Wir sind so weit ge - lau - fen

und möch - ten gern ver-schnau-fen. Drum bit - ten wir, drum

bit - ten wir: Kommt, öff - net eu - re Tür!

1. Gruppe oder alle: Geht wei - ter, geht wei - ter. Es tut uns ja so leid.

Geht wei - ter, geht wei - ter! Kein Platz und kei - ne Zeit!

Maria und Josef gehen weiter zum nächsten Gasthaus.
Das Lied wird an verschiedenen Stationen wiederholt.

Bei der letzten Station zeigt einer Maria und Josef den Stall und führt sie dorthin:

Geht   wei - ter, geht wei - ter. So heißt es   ü - ber - all.

Geht   wei - ter, geht wei - ter! So bleibt nur noch der   Stall.

Wiegenlied

Text: Rolf Krenzer *Melodie: Klaus Irmer
Alle Rechte bei den Autoren

34

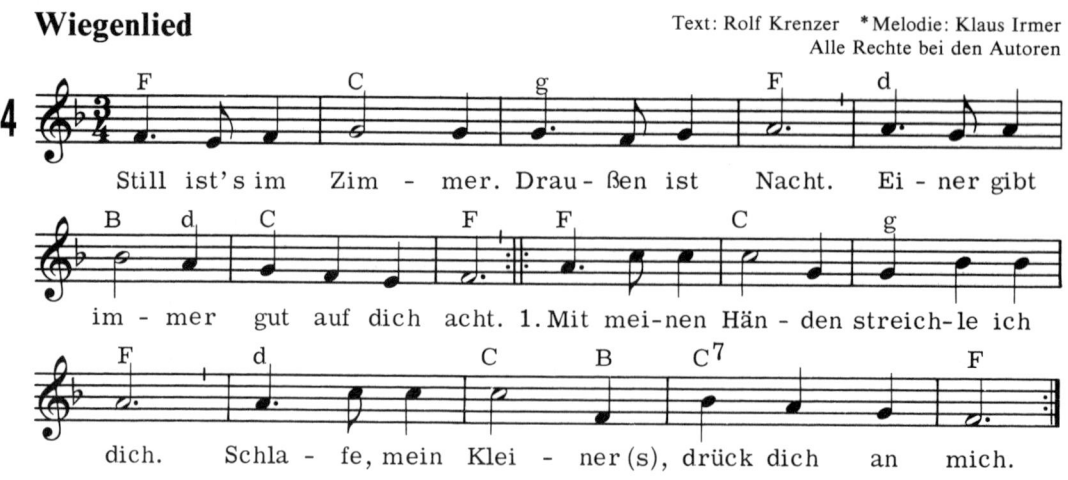

Still ist's im Zim - mer. Drau - ßen ist Nacht. Ei - ner gibt

im - mer gut auf dich acht. 1. Mit mei-nen Hän - den streich-le ich

dich. Schla - fe, mein Klei - ner (s), drück dich an mich.

Still ist's im Zimmer ...
2. Mit meiner Decke wärme ich dich.
   Schlafe, mein Kleiner(s), drück dich an mich.

Still ist's im Zimmer ...
3. Auf meinen Armen wiege ich dich.
   Schlafe, mein Kleiner(s), drück dich an mich.

Still ist's im Zimmer ...
4. Mit meiner Liebe schütze ich dich.
   Schlafe, mein Kleiner(s), drück dich an mich.

Wir werden immer mehr

Text: Rolf Krenzer   *Melodie: Klaus Irmer
Alle Rechte bei den Autoren

35

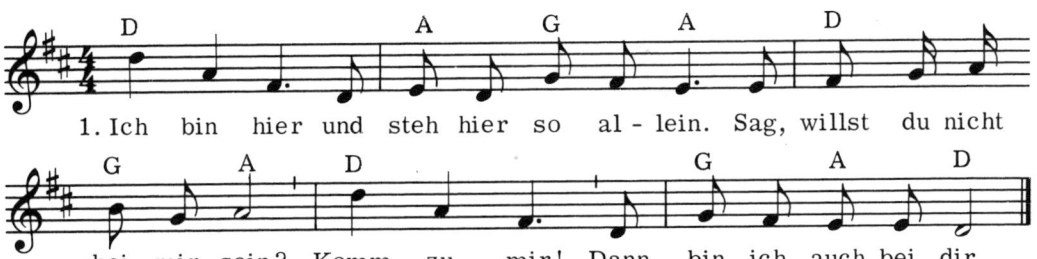

1. Ich bin hier und steh hier so al - lein. Sag, willst du nicht bei mir sein? Komm zu mir! Dann bin ich auch bei dir.

2. Wir sind zwei und stehn hier so allein.
   Sag, willst du nicht bei uns sein?
   Komm herbei! Dann zählen wir schon drei!

3. Drei sind wir und stehn hier so allein.
   Sag, willst du nicht bei uns sein?
   Drei sind wir, und du dabei sind vier.

4. Bitte sehr, wir stehn hier so allein.
   Sag, willst du nicht bei uns sein?
   Komm doch her, dann zählen wir noch mehr.

5. Wir sind hier und stehn nicht mehr allein.
   Hell strahlt unsres Lichtes Schein.
   Wir sind hier. Das Licht kommt auch zu dir.

Zu Beginn des Spielliedes steht die Leiterin bzw. der Leiter ganz allein in der Mitte mit einer Kerze in der Hand. Weitere, brennende Kerzen – halb soviel wie Gruppenmitglieder – stehen bei der Leiterin auf dem Boden. Bei jedem Vers wird ein Kind mehr zur Mitte gewunken, nimmt die Kerze auf und singt den folgenden Vers mit. Der vierte Vers kann so lange gesungen werden, bis alle Kerzen aufgenommen sind. Mit dem letzten Vers werden die Kerzen an die übrigen Gruppenmitglieder verteilt. Das Lied kann noch einmal gesungen werden. Dabei werden jetzt die anderen zu Kerzenträgern.

Marias Loblied

Text: Rolf Krenzer *Melodie: Detlev Jöcker
© Menschenkinder-Verlag, 4400 Münster-Hiltrup

36

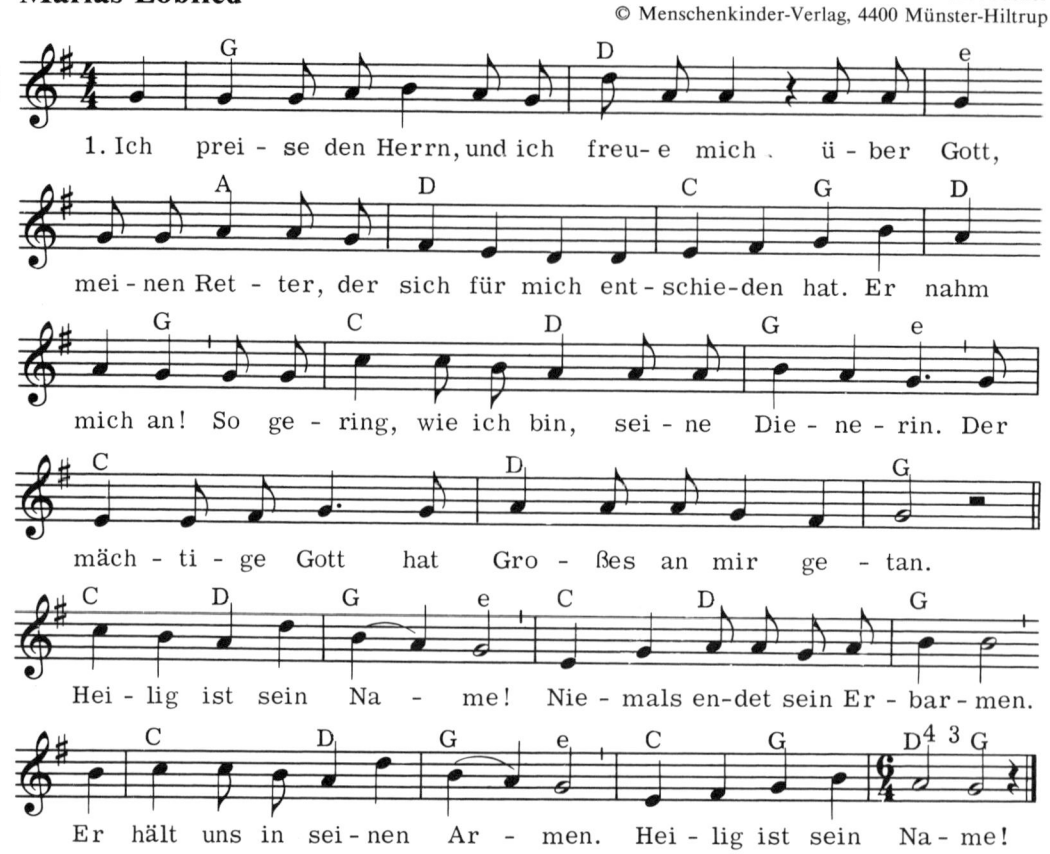

1. Ich prei - se den Herrn, und ich freu - e mich, ü - ber Gott, mei - nen Ret - ter, der sich für mich ent - schie-den hat. Er nahm mich an! So ge - ring, wie ich bin, sei - ne Die - ne - rin. Der mäch - ti - ge Gott hat Gro - ßes an mir ge - tan. Hei - lig ist sein Na - me! Nie - mals en-det sein Er - bar - men. Er hält uns in sei - nen Ar - men. Hei - lig ist sein Na - me!

2. Er streckt seinen Arm aus, und weggefegt
sind die Pläne der Stolzen, die sie gehegt.
Die Mächtigen stürzt er vom Thron.
Er macht Hungrige satt,
daß ein jeder hat.
Die Reichen schickt Gott,
mit leeren Händen davon.
Heilig ist sein Name!
Niemals endet sein Erbarmen.
Er hält uns in seinen Armen.
Heilig ist sein Name!

3. Gott hält sein Versprechen für alle Zeit.
Was er Abraham sagte, hat Gültigkeit!
Erinnert hat Gott sich daran.
Und er richtet uns auf,
er richtet uns auf!
Der mächtige Gott,
hat Großes an uns getan.
Heilig ist sein Name!
Niemals endet sein Erbarmen.
Er hält uns in seinen Armen.
Heilig ist sein Name!

Ein Licht leuchtet auf in der Dunkelheit

Text: Rolf Krenzer   *Melodie: Detlev Jöcker
© Menschenkinder-Verlag, 4400 Münster-Hiltrup

37

1. Wer trau-rig ist, wird wie-der froh. Ver-zwei-fel-te

wer-den ge-trö-stet sein. Ver-hei-ßen hat Gott es uns so.

Und al-le dür-fen sich freun. Wir war-ten und

hof-fen, wir hof-fen und war-ten. Wir wis-sen ja

al-le da-von: Gott schickt sei-nen ei-ge-nen Sohn.

Refrain:

Ein Licht, ein Licht, ein Licht leuch-tet auf in der

Dun-kel-heit. Ein Licht, ein Licht, ein Licht leuch-tet auf.

Strophen 2 bis 4 siehe folgende Seite:

2. Ein Kind kommt zu uns auf die Welt.
   Das Kind wird ein mächtiger König sein.
   Ein König, der treu zu uns hält.
   Und alle dürfen sich freun.
   Ein König des Friedens.
   Ein König der Freude.
   Wir wissen ja alle davon:
   Gott schickt seinen eigenen Sohn!
   Refr.: Ein Licht ...

3. Viel stärker als Leid und als Not.
   Und in seinem Reich wird stets Friede sein.
   Viel stärker als Krieg und als Tod.
   Und alle dürfen sich freun.
   Ein König des Friedens.
   Ein König der Freude.
   Wir wissen ja alle davon:
   Gott schickt seinen eigenen Sohn!
   Refr.: Ein Licht ...

4. Wer traurig ist, wird wieder froh.
   Verzweifelte werden getröstet sein.
   Verheißen hat Gott es uns so.
   Und alle dürfen sich freun.
   Wir warten und hoffen.
   Wir hoffen und warten.
   Wir wissen ja alle davon:
   Gott schickt seinen eigenen Sohn!
   Refr.: Ein Licht ...   Nach Jesaja 9,1 und 5–6.

Ein Kind ist heut geboren

Text: Rolf Krenzer   *Melodie: Detlev Jöcker
© Menschenkinder-Verlag, 4400 Münster-Hiltrup

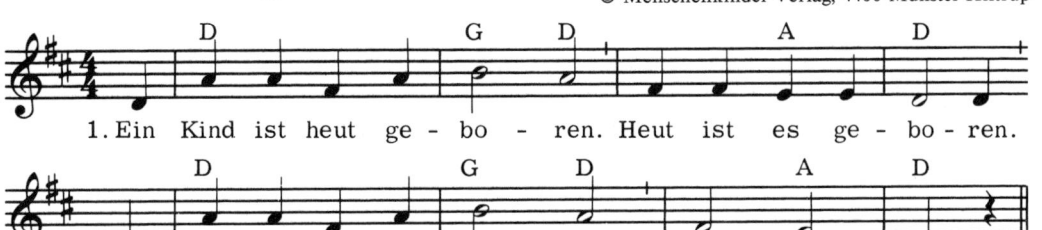

1. Ein Kind ist heut ge - bo - ren. Heut ist es ge - bo - ren.
Ein Kind ist heut ge - bo - ren, Gott, mein Herr.

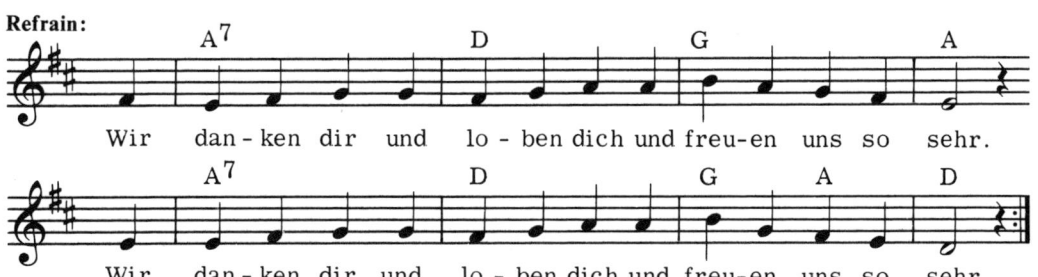

Refrain:
Wir dan - ken dir und lo - ben dich und freu - en uns so sehr.
Wir dan - ken dir und lo - ben dich und freu - en uns so sehr.

2. Kennt Ihr denn seinen Namen?
Jesus ist sein Name.
Ja, Jesus ist sein Name,
Gott, mein Herr!
   Refr.: Wir danken dir ...

3. Wo ist es denn geboren?
In dem Stall geboren.
Es ist im Stall geboren,
Gott, mein Herr!
   Refr.: Wir danken dir ...

4. Wo hat es denn gelegen?
Auf dem Stroh gelegen.
Es hat im Stroh gelegen,
Gott, mein Herr!
   Refr.: Wir danken dir ...

5. Wie heißt denn seine Mutter?
Das ist die Maria.
Maria ist die Mutter,
Gott, mein Herr!
   Refr.: Wir danken dir ...

6. Und wer ist denn sein Vater?
Gott selbst ist sein Vater.
Ja, Du bist selbst sein Vater,
Gott, mein Herr!
   Refr.: Wir danken dir ...

7. Wer will denn zu ihm kommen?
Alle wollen kommen.
Wir alle wollen kommen,
Gott, mein Herr!
   Refr.: Wir danken dir ...

Komm und gib mir deine Hand

Text: Rolf Krenzer   * Melodie: Detlev Jöcker
© Menschenkinder-Verlag, 4400 Münster-Hiltrup

39

Hast du's schon gehört? Hat man dir's erzählt?
Bleib nicht länger stehn. Willst du mit mir gehn,

In dem kleinen Stall ist ge - born der Herr der Welt.   König an - zu - sehn?
in dem kleinen Stall unsern

Komm und gib mir   dei - ne Hand,   komm und ge - he   mit.

Schen - ke   was, wenn   du was hast und   sing dem Herrn ein   Lied.

2. Freust du dich so sehr,
   ruf die andern her!
   Gehn wir all zusammen,
   dann werden's immer mehr!
   Jeder soll es sehn,
   daß wir zu ihm gehn,
   denn das Kind im Stall,
   das ist Christus, unser Herr.

   Refr.: Komm und gib mir deine Hand …

Einer geht im Kreis herum und fragt einen
anderen, was er dem Kind schenken will.
Dann darf jeder etwas nennen. Nach und
nach werden es immer mehr, die sich dem
Zug anschließen und zum Stall gehen.

Hört ihr alle Glocken läuten

Text: Rolf Krenzer   *Melodie: Detlev Jöcker
© Menschenkinder-Verlag, 4400 Münster-Hiltrup

40

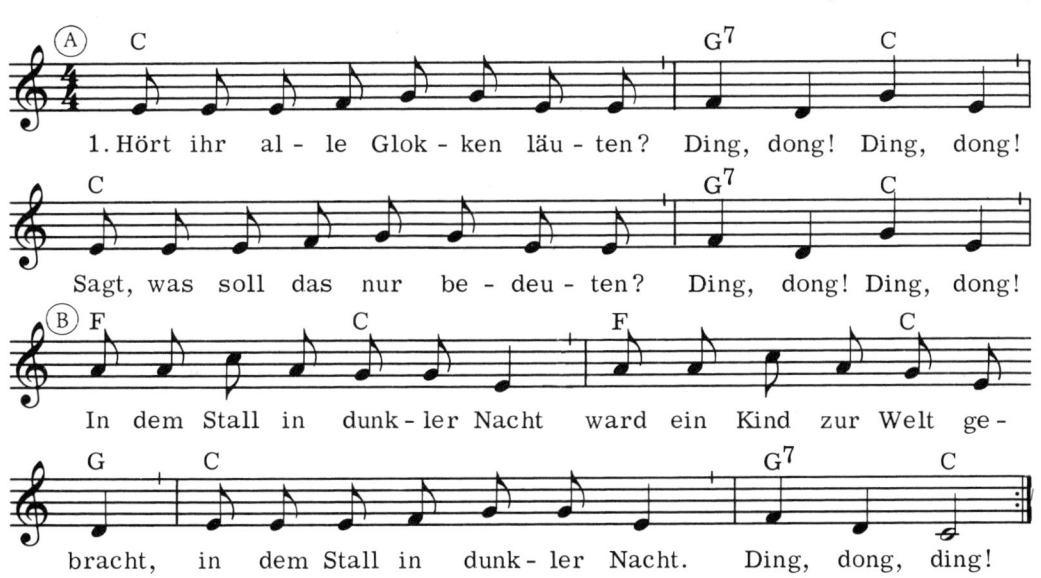

1. Hört ihr al - le Glok - ken läu - ten? Ding, dong! Ding, dong! Sagt, was soll das nur be - deu - ten? Ding, dong! Ding, dong! In dem Stall in dunk - ler Nacht ward ein Kind zur Welt ge - bracht, in dem Stall in dunk - ler Nacht. Ding, dong, ding!

2. Auf den Feldern bei den Schafen
   sind die Hirten eingeschlafen.
   Doch ein Engel weckt sie dann:
   Lauft zum Stall! Schaut Jesus an!

3. Viele Menschen wollen sehen,
   was im Stall dort ist geschehen.
   Hell erstrahlt der Weihnachtsstern.
   Kommt und findet dort den Herrn!

4. Darum laßt die Glocken läuten.
   Sagt es weiter allen Leuten:
   Gottes Sohn liegt hier im Stall!
   Sagt es weiter überall!

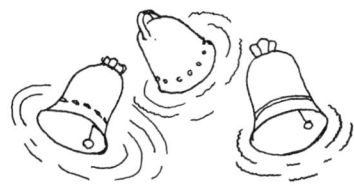

Zu den einzelnen Strophen kann nach und nach die ganze Weihnachtsgeschichte in einem „lebenden Bild" von den Spielern aufgebaut werden:

– *Der Stall mit der Krippe; Spieler, die die Glocken darstellen zu beiden Seiten. Sie stehen zu Beginn des Liedes nebeneinander, gehen dann nach beiden Seiten auseinander, so daß Josef, Maria und das Kind zu sehen sind.*

– *Die Hirten liegen auf der Erde und schlafen. Ein Engel weckt sie, und sie laufen gemeinsam zum Stall.*

– *Immer mehr Leute kommen hinzu. Ein Spieler stellt den Stern dar und zeigt ihn mit seinen ausgestreckten Fingern, die er über seinen Kopf hält.*

– *Zur letzten Strophe kommen die Spieler in das Publikum und führen alle, die mitmachen wollen, zum Stall.*

In der Dunkelheit leuchtet uns auf ein Licht

Text: Rolf Krenzer
* Melodie: Detlev Jöcker
© Menschenkinder-Verlag, 4400 Münster-Hiltrup

41

In der Dun - kel-heit leuch - tet uns auf ein Licht, und für al - le

Zeit ver - löscht die - ses Leuchten nicht. Bis in E - wig-keit hält Gott,

was er ver-spricht. Durch die Dunkel - heit führt un - ser Weg zum Licht.

Kanon: Mitten in der Nacht

Text: Rolf Krenzer * Melodie: Ludger Edelkötter
© Impulse-Musikverlag, 4406 Drensteinfurt 1

42

Mit - ten in der Nacht ist ein Stern er - wacht,

kün - det al - len, nah und fern, die Ge - burt des Herrn.

Kanon: Da ist ein Leuchten in der Nacht

Text: Rolf Krenzer
* Melodie: Ludger Edelkötter
© Impulse-Musikverlag, 4406 Drensteinfurt 1

43

Da ist im Dun - keln ein hel - les Fun - keln. Da

ist ein Leuch-ten in der Nacht, in der Nacht. Da ist ein

Sin - gen, ein hel - les Klin - gen; denn in der Krip - pe

liegt das Kind.

Kleines Kind im Stroh

Text: Rolf Krenzer   *Melodie: Ludger Edelkötter
© Impulse-Musikverlag, 4406 Drensteinfurt 1

44

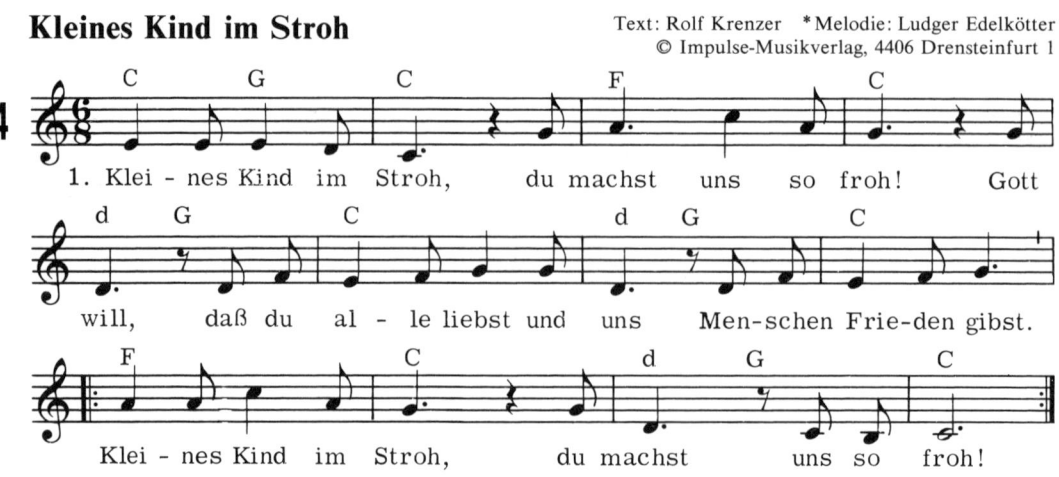

1. Klei - nes Kind im Stroh, du machst uns so froh! Gott
will, daß du al - le liebst und uns Men-schen Frie-den gibst.
Klei - nes Kind im Stroh, du machst uns so froh!

2. Schlaf, mein Krippenkind!
Bläst auch kalt der Wind.
Du lädst alle Menschen ein,
willst ihr treuster Bruder sein.
Schlaf, mein Krippenkind!
Bläst auch kalt der Wind.

3. Kamst zu uns herein,
wirst so einsam sein,
weil du alle Menschen liebst.
und für sie dein Leben gibst.
Kamst zu uns herein,
wirst so einsam sein.

4. Kind auf meinem Schoß,
Gott macht dich so groß.
Du bist stärker als der Tod
und nimmst von uns alle Not.
Kind auf meinem Schoß,
Gott macht dich so groß.

Wacht auf

Text: Rolf Krenzer   *Melodie: Ludger Edelkötter
© Menschenkinder-Verlag, 4400 Münster-Hiltrup

45

1. Wacht auf, wacht auf! Was kann das nur sein? Um uns her - um ist ein hel - ler Schein! Schau dir doch den Him - mel an! Sag, was das be - deu - ten kann! Wacht auf, wacht auf! Was kann das nur sein?

2. Wacht auf, wacht auf!
Was kann das nur sein?
Um uns herum ist ein heller Schein.
Und dort seh ich Leute stehn,
die ich vorher nie gesehn.
Wacht auf, wacht auf!
Was kann das nur sein?

3. Wacht auf, wacht auf!
Was kann das nur sein?
Um uns herum ist ein heller Schein.
Seht, es werden immer mehr,
und sie kommen zu uns her.
Wacht auf, wacht auf!
Was kann das nur sein?

4. Steht auf, steht auf!
Erhebt euch ganz schnell!
Um uns herum ist jetzt alles hell!
Um uns ist ein heller Schein.
Seht, es müssen Engel sein!
Steht auf, steht auf!
Erhebt euch ganz schnell!

Engel:
5. Hört zu, hört zu,
wir künden euch an,
was Gott für unsre Welt getan.
Überm Stall der helle Stern
zeigt euch die Geburt des Herrn.
Hört zu, hört zu,
das künden wir an!

6. Geht los, geht los
und geht zu dem Kind.
Steht nicht herum! Los, geht geschwind!
Dieses Kind bringt ganz allein
Frieden in die Welt hinein!
Lauft los, lauft los
und geht zu dem Kind!

Hirten:
7. Habt Dank! Habt Dank!
So laufen wir schnell.
Überm Stall strahlt der Stern so hell.
Kommt, das Wunder anzusehn,
das in dieser Nacht geschehn!
Habt Dank! Habt Dank!
So laufen wir schnell!

Kanon: Ehre sei Gott

Text: Rolf Krenzer *Melodie: Ludger Edelkötter
© Impulse-Musikverlag, 4406 Drensteinfurt 1

46

Ehre, Ehre sei Gott! Ehre, Ehre sei Gott! Ehre sei Gott, und den Menschen.

Zur ersten Zeile halten wir die Hände mit dem Handteller nach oben (offene Gebetshaltung). Zur zweiten Zeile heben wir die Hände in der gleichen Haltung hoch. Dann breiten wir die Hände weit aus, daß wir die Hände unserer Nachbarn rechts und links berühren. Wir halten uns an den Händen fest.

Hirtentanz

Text: Rolf Krenzer   *Melodie: Ludger Edelkötter
© Impulse-Musikverlag, 4406 Drensteinfurt 1

47

1. Al - le Hir - ten kom - men heu - te, und sie tan - zen vol - ler Freude.

Seht   den Stern am Him - mel stehn! Ein Wun - der ist ge - schehn.

Kommt, kommt, kommt doch all   und lauft mit uns zum Stall!

Refrain:

La la la la, la la la la, la la la la la la.

La la la la, la la la la, la la la la la la.

2. Oh, wie freuen wir uns heute,
ich und du und alle Leute.
Laßt zum Stall uns alle gehn,
das Wunder anzusehn!
Kommt, kommt, kommt doch all'
und lauft mit uns zum Stall.
    Refr.: La la lala, ...

3. Darum sind wir voller Freude,
darum tanzen alle Leute.
Hell erklingt das Weihnachtslied,
und alle singen mit:
Kommt, kommt, kommt doch all'
und lauft mit uns zum Stall.
    Refr.: La la lala, ...

Hirtenweihnacht

Text: Rolf Krenzer   *Melodie: Ludger Edelkötter
© Impulse-Musikverlag, 4406 Drensteinfurt 1

48

1. Was ist in der Nacht mit den Hir-ten ge-schehn? Sie sa-hen die En-gel ganz nah vor sich stehn. Jetzt sind sie froh und freu-en sich so und sa-gen es al-len, was sie heut ge-sehn. Das ist in der Nacht mit den Hir-ten ge-schehn. Das ist in der Nacht mit den Hir-ten ge-schehn.

2. Was haben die Engel den Hirten gesagt?
   Zum Kind in der Krippe lauft hin eh' es tagt.
   Das Kind in dem Stall, es rettet euch all,
   nun sagt's jedem weiter, der euch danach fragt.
   Das haben die Engel den Hirten gesagt.
   Das haben die Engel den Hirten gesagt.

3. Was taten die Hirten dann in dieser Nacht?
   Sie haben sich gleich zu dem Kind aufgemacht.
   Und fanden's im Stroh und waren so froh
   und haben die Nacht mit dem Kind zugebracht.
   Das taten die Hirten dann in dieser Nacht.
   Das taten die Hirten dann in dieser Nacht.

Wißt Ihr schon

Text: Rolf Krenzer   * Melodie: Ludger Edelkötter
© Impulse-Musikverlag, 4406 Drensteinfurt 1

49

1. Wißt ihr schon was da - von? Habt ihr's schon ver - nom - men?
   Wißt ihr's schon? Got - tes Sohn ist zu uns ge - kom - men!

kom - men! In dem Stall in dunk-ler Nacht ward das Kind zur Welt ge -

bracht. Komm doch mit, komm doch mit! Wer uns sieht, bleibt nicht län - ger
                                       Sing ein Lied, wenn wir zu ihm

ste - hen. Komm doch   ge - hen.

2. Wißt ihr schon
   was davon?
   Habt ihr's schon vernommen?
   Wißt ihr's schon?
   Gottes Sohn ist zu uns gekommen!
   In der Krippe liegt das Kind,
   dort, wo Ochs und Esel sind.
   Komm doch mit, komm doch mit!
   Wer uns sieht, bleibt nicht länger stehen.
   Komm doch mit, komm doch mit!
   Sing ein Lied, wenn wir zu ihm gehen.

3. Wißt ihr schon
   was davon?
   Habt ihr's schon vernommen?
   Wißt ihr's schon?
   Gottes Sohn ist zu uns gekommen!
   Und so ziehn wir durch die Nacht.
   Jeder hat was mitgebracht.
   Komm doch mit, komm doch mit!
   Wer uns sieht, bleibt nicht länger stehen.
   Komm doch mit, komm doch mit!
   Sing ein Lied, wenn wir zu ihm gehen.

Jemand beginnt beim Lied zu einem anderen zu gehen und fragt ihn, was er dem Kind als Ge-
schenk mitbringen will, und lädt ihn ein, mitzukommen. So entsteht nach und nach eine lange
Reihe, die zur Krippe zieht.

Vor dem Stall

Text: Rolf Krenzer   *Melodie: Ludger Edelkötter
© Impulse-Musikverlag, 4406 Drensteinfurt 1

50

1. Kommt nur her-ein! Kommt nur her-ein! Ihr müßt be - hut - sam und lei - se sein! Laut-los ge-hen auf den Ze-hen! Nur nicht poltern und nicht stol-pern, daß ihr das Kind nicht weckt und nicht erschreckt.

2. Kommt nur herein!
Kommt nur herein!
Ist dieser Stall auch eng und klein.
Tuscheln, wispern,
nur noch flüstern,
lauschen, hören,
ja nicht stören!
Seht nur, das Kind im Stroh
macht uns so froh!

3. Kommt nur heran!
Kommt nur heran!
Schaut euch das Kind in der Krippe an!
Etwas bücken,
zaghaft drücken,
lächeln, schmeicheln,
zärtlich streicheln.
Seht nur, das Kind im Stroh
lächelt so froh!

Eine lange Karawane

Text: Rolf Krenzer   * Melodie: Ludger Edelkötter
© Impulse-Musikverlag, 4406 Drensteinfurt 1

51

1. Ei - ne lan - ge Ka - ra - wan - ne zieht heut durch die Nacht, denn ein
Stern hat vie - le Men - schen auf den Weg ge-bracht. Ei - ne
auf den Weg ge - bracht. Su - li, su - li - a - ram, ei - lo
su - li - a - ram. Der Stern will uns ver-kün - den, daß
wir den Kö - nig fin - den, su - li - a - ram.

2. Eine lange Karawane
   kommt von fern daher.
   Und ihr folgen viele Leute,
   werden immer mehr.
      Kehrvers: Suli, suliaram, eilo ...

3. Eine lange Karawane
   zieht von Land zu Land.
   Menschen, die sich neu begegnen,
   ziehen Hand in Hand.
      Kehrvers: Suli, suliaram, eilo ...

4. Unsre lange Karawane
   zieht von Stadt zu Stadt.
   Sucht den König, den der Himmel
   uns verheißen hat.
      Kehrvers: Suli, suliaram, eilo ...

5. Weiter zieht die Karawane
   weiter Schritt für Schritt.
   Große Leute, kleine Leute,
   alle ziehen mit.
      Kehrvers: Suli, suliaram, eilo ...

Drei Könige

Text: Rolf Krenzer   *Melodie: Ludger Edelkötter
© Impulse-Musikverlag, 4406 Drensteinfurt 1

52

1. Drei Kö - ni - ge, drei Herrn, drei Kö - ni - ge, drei Herrn, die
zie - hen durch das gan - ze Land und fol - gen ei - nem Stern.

2. So folgen sie dem Stern,
   so folgen sie dem Stern
   und fragen überall im Land
   nach Jesus, unserm Herrn.

3. So folgen sie dem Stern,
   so folgen sie dem Stern
   und kommen auch nach Bethlehem
   und fragen nach dem Herrn.

4. Macht Platz den feinen Herrn!
   Sie folgen diesem Stern.
   Und in der Krippe hier im Stall
   da finden sie den Herrn.

Ein Stern hat uns den Weg gezeigt

Text: Rolf Krenzer   *Melodie: Ludger Edelkötter
© Impulse-Musikverlag, 4406 Drensteinfurt 1

Lied zum Dreikönigsumzug

1. Ein Stern hat uns den Weg ge-zeigt, da - mit sich kei - ner irrt.

Der Stern hat uns den Weg ge-zeigt, der uns zum Kö - nig führt.

Refrain: Ein Kind ist ge - bo - ren. Wir kün - den da - von. Das

Kind ist der Kö - nig und Got - tes Sohn. Got - tes Sohn.

2. Ein heller Stern zeigt uns den Weg,
   wenn wir zum Himmel schaun.
   Der helle Stern zeigt uns den Weg,
   ihm können wir vertraun.
   Kehrvers: Ein Kind ist geboren ...

3. Wir folgen diesem hellen Stern.
   Er leuchtet wunderbar.
   Wir wünschen allen Menschen gern
   ein gutes neues Jahr!
   Kehrvers: Ein Kind ist geboren ...

Sternsingerlied

Text: Rolf Krenzer * Melodie: Ludger Edelkötter
© Impulse-Musikverlag, 4406 Drensteinfurt 1

54

1. Wir ha - ben sei - nen Stern ge - sehn. Drum wol - len wir gleich
zu ihm gehn. So fol - gen wir dem Stern und fra - gen und
fra - gen und fra - gen nach dem Herrn, und fra - gen und
fra - gen und fra - gen nach dem Herrn.

2. Der Melchior, Kaspar, Balthasar
und eine große Kinderschar.
So folgen wir dem Stern
und fragen, und fragen,
und fragen nach dem Herrn.

3. Wir sahen fern in unserm Land,
daß dieser Stern am Himmel stand.
So folgen wir dem Stern
und fragen, und fragen,
und fragen nach dem Herrn.

4. Wir fragen in Jerusalem,
der Stern steht über Betlehem.
So folgen wir dem Stern
und fragen, und fragen,
und fragen nach dem Herrn.

5. In Betlehem im Stall zur Nacht
ward Gottes Sohn zur Welt gebracht.
So nah sind wir dem Stern
und finden, und finden,
und finden unsern Herrn.

Wir haben es vernommen

Text: Rolf Krenzer   *Melodie: Ludger Edelkötter
© Impulse-Musikverlag, 4406 Drensteinfurt 1

55

1. Wir ha - ben es ver - nom - men, daß du ge - bor - ren bist.

Drum sind wir gleich ge - kom - men, daß je - der dich be - grüßt.

Wir ha - ben viel an dich ge - dacht, und weil es uns selbst Freu-de macht,

ha - ben wir, ha - ben wir dir et - was mit - ge - bracht.

2. Wir kommen zu dir heute.
   Es führte uns der Stern.
   Wir grüßen voller Freude
   den Bruder und den Herrn.
   Wir haben viel an dich gedacht
   und weil es uns selbst Freude macht,
   haben wir, haben wir,
   dir etwas mitgebracht.

Das Kind im Stall

Text: Rolf Krenzer   *Melodie: Frank Stieper
Alle Rechte bei den Autoren

56

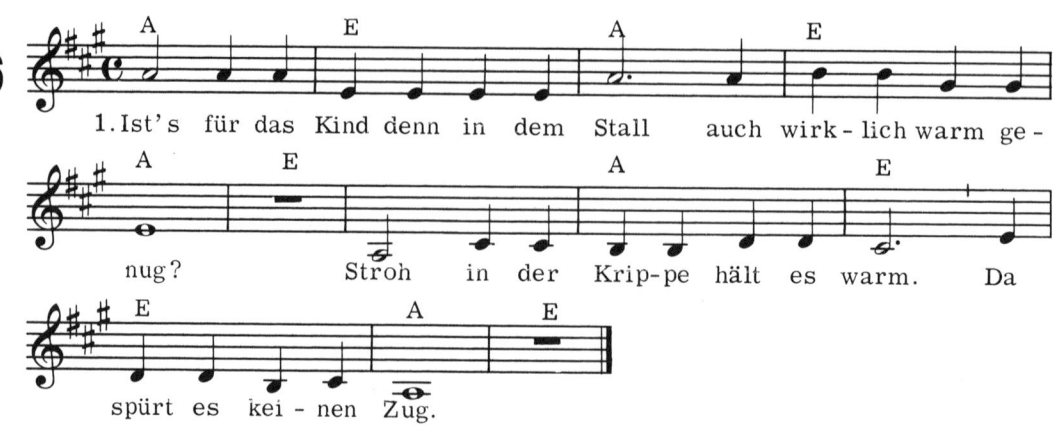

1. Ist's für das Kind denn in dem Stall auch wirk-lich warm ge-nug? Stroh in der Krip-pe hält es warm. Da spürt es kei-nen Zug.

2. Ist denn die Krippe
in dem Stall
nicht für das Kind zu hart?
– Windeln und Decken
hülln es ein.
Die sind ganz weich und zart.

3. Wenn dieses Kind dann
in dem Stall
am Ende Hunger hat?
– Schau, seine Mutter
gibt ihm Milch.
Da wird das Kind gleich satt.

4. Wird denn das Kind dort
in dem Stall
nicht sehr alleine sein?
– Menschen und Tiere
sind bei ihm.
Gott läßt es nicht allein.

4. Abteilung:
Die Legende vom armen Hirtenjungen und andere Legendenlieder

Die Legende vom armen Hirtenjungen

Text: Rolf Krenzer *Melodie: Wolfgang Jehn
Alle Rechte bei den Autoren

1. Als einst die Engel ge-sungen, was im Stall zu finden wär', da war einem Hir-ten-jungen da-bei das Herz so schwer. Glo-ri-a, Häl-le-lu-ja! Glo-ri-a, Häl-le-lu-ja! ja!

2. Es mußten die Hirten denken
an das arme Kind im Stroh
und wollten ihm etwas schenken
und waren von Herzen froh.

3. Was braucht ein Kind zum Leben?
Vielleicht Decken, weich und warm?
Der Hirtenbub konnt nichts geben,
denn er war bettelarm.

4. Sie liefen zum Stall gemeinsam.
Er zog hinter ihnen her
und war so traurig und einsam
und hatt' die Hände leer.

5. Sie brachten dem Kind ihre Gaben
und waren froh in der Nacht.
Nur einer der Hirtenknaben
hatte gar nichts mitgebracht.

6. Da tat er zum Kind sich wenden
   und streichelte sein Gesicht
   ganz zart und mit guten Händen;
   mehr hatte er ja nicht.

7. So hat ein Armer voll Wehmut
   den ärmsten Bruder begrüßt
   und hat in tiefer Demut
   den Herrn der Welt geküßt.

8. Da legte Maria dem Jungen
   das Kind mit Vertraun in den Arm.
   Die Engel haben gesungen,
   im Stall wurd's hell und warm.

   Gloria, Halleluja!
   Gloria, Halleluja!

Lied des kleinen Hirten mit der Mundharmonika

Text und Melodie: Rolf Krenzer
Alle Rechte beim Autor

1. Ich hab' ei - ne klei - ne Mund - har - mo - ni - ka,
   spiel für dich al - lei - ne Mund - har - mo - ni - ka.
   Seit die En - gel - schar heu - te bei uns war,
   klingt so froh die klei - ne Mund - har - mo - ni - ka.

2. Kann es noch nicht fassen,
   was heut nacht geschehn,
   lief mit allen los,
   um nach dem Kind zu sehn.
   Jeder hat heut nacht
   ihm was mitgebracht.
   Ich hatt' nichts als meine Mundharmonika.

3. Dunkel war's im Stall,
   und draußen blies der Wind.
   In der Krippe lag im Stroh
   das Gotteskind.
   Und wir knieten all'
   nieder in dem Stall.
   Ich mit meiner kleinen Mundharmonika.

4. Was wir geben konnten,
   schenkte jeder heut.
   Und sie freuten sich,
   denn es war'n arme Leut.
   Und ich spielt' ein Lied
   – alle summten mit –
   für das Kind auf meiner Mundharmonika.

5. Ich hab' eine kleine Mundharmonika
   und war Gottes Sohn
   im Stall heut nacht so nah.
   Seit ich selbst gesehn,
   was heut nacht geschehn,
   klingt so froh die kleine Mundharmonika.

Die Legende vom Esel

Text: Rolf Krenzer   *Melodie: Frank Stieper
Alle Rechte bei den Autoren

59

1. Ein E-sel mußt es sein, i-a, ein E-sel ganz al-lein, i-a, der hat in schwe-ren Ta-gen Ma-ri-a einst ge-tra-gen. Der Weg war weit und un-be-quem von Na-za-reth nach Beth-le-hem, da-mit dort in der Nacht das Kind zur Welt ge-bracht. I-a!

2. Ein Esel mußt es sein, i-a,
   ein Esel ganz allein, i-a,
   der hat in schweren Tagen
   das Gotteskind getragen.
   Der Weg war weit und unbequem.
   Sie flüchteten aus Bethlehem,
   damit, das wißt ihr ja,
   dem Kind kein Leid geschah.
   I-a.

3. Ein Esel mußt es sein, i-a,
   ein Esel ganz allein, i-a,
   der hat in schweren Tagen
   den König selbst getragen.
   Die Straßen eng und unbequem.
   Er trug ihn durch Jerusalem,
   damit, wie ihr ja wißt,
   ein jeder ihn begrüßt.
   I-a.

4. Ein Esel mußt es sein, i-a,
   ein Esel ganz allein, i-a,
   der hat in schweren Tagen
   so vieles still ertragen.
   Und seht ihr einen Esel stehn,
   dann könnt ihr ruhig zu ihm gehn.
   Und streichelt ihr ihn, ja,
   dann sagt er leis: „I-a!"
   I-a.

Die Legende von den drei Räubern

Text: Rolf Krenzer *Melodie: Ludger Edelkötter
© Impulse-Musikverlag, 4406 Drensteinfurt 1

60

1. Es leb-ten einst drei Räu-ber nicht weit von Beth-le-hem.

Die plün-der-ten und raub-ten bis nach Je-ru-sa-lem.

Das wa-ren wil-de Räu-ber. Wer sie von fern nur sah,

der lief, so schnell er konn-te, da-mit ihm nichts ge-schah. Ein

Wun-der, ein Wun-der, ein Wun-der müßt' ge-schehn, da-mit die

drei Räu-ber kein Unrecht mehr be-gehn. Kein Un-recht mehr be-gehn.

2. Sie trugen Schwert und Säbel
und sahn gefährlich aus.
Und sah man sie nur kommen,
nahm jeder gleich Reißaus.
Sie ruhten aus bei Tage
und raubten in der Nacht,
sie haben manchen Menschen
um Hab und Gut gebracht.

3. Und legten sich die Leute
den Riegel vor die Tür,
so merkten sie am Morgen:
Die Räuber waren hier!
Weil diese wilden Räuber
so viele schon bedroht,
drum waren sie gefürchtet
von allen wie der Tod.

4. Einst sahen die drei Räuber
noch Licht in einem Stall.
Da planten sie gemeinsam
sogleich den Überfall.
Sie rissen auf das Stalltor,
daß es zur Seite flog.
Da standen ein paar Leute
um einen Futtertrog.

5. Es rasselten die Säbel.
Sie brüllten: „Hände hoch!
Geld oder euer Leben!"
Und manches Schlimme noch.
Maria sah die Räuber
ganz still und freundlich an.
Sie zeigte auf die Krippe
und winkte sie heran.

6. Sie sagte zu den Räubern:
„Ihr macht das Kind ja wach!
Seht, Gottes Sohn will schlafen!
Macht doch nicht solchen Krach!"
Im Stall, da ist ein Wunder
in dieser Nacht geschehn.
So konnten die drei Räuber
sich selber nicht verstehn.
  2. Kehrvers:
  Ein Wunder,
  ein Wunder,
  ein Wunder ist geschehn,
  damit die drei Räuber
  kein Unrecht mehr begehn.

7. Sie knieten vor dem Kind, und
sie beteten es an
und baten um Vergebung
für das, was sie getan.
Dann zogen sie verstohlen
die Räuberstiefel aus
und tappten durch das Tor
in die dunkle Nacht hinaus.
  Kehrvers:
  Ein Wunder,
  ein Wunder,
  ein Wunder ist geschehn.
  Und von den drei Räubern
  ward keiner mehr gesehn.

Zu dem Lied kann ein pantomimisches Spiel gestaltet werden, aber auch ein Schattenspiel oder ein Menschenschattenspiel.

Die Legende von den drei weisen Königen

Text: Rolf Krenzer
*Melodie: Paul G. Walter
Alle Rechte bei den Autoren

61

1. Es sahn drei wei - se Kö - ni - ge in ei - nem fer - nen Land,
Da wuß - ten die drei Kö - ni - ge, was in der Nacht geschehn

daß hell und leuch - tend in der Nacht ein Stern am Him - mel stand.
und machten sich gleich auf den Weg, da - mit sie's sel - ber sehn.

Refrain:

Hal - le - lu - ja, hal - le - lu - ja, hal - le - lu - ja! Glo - ri - a!

Hal - le - lu - ja, hal - le - lu - ja, hal - le - lu - ja! Glo - ri - a!

2. Der König ist geborn, der Herr
des Himmels und der Welt!
So haben's die drei Könige
im ganzen Land erzählt.
Was schenkt man diesem König nur?
Sie haben mit Bedacht
das Edelste ihm ausgewählt
und ihm auch mitgebracht.
Halleluja ...

3. Weihrauch und Myrrhe mußten's sein,
dazu das feinste Gold,
daß jeder diesem König auch
die höchste Ehre zollt!
Doch als sie dann im Stall das Kind
in einer Krippe sahn,
da fragten sich die Könige:
Was fängt es damit an?
Halleluja ...

4. Wie ehrt man einen König nur,
   der noch so winzig klein?
   Doch weil sie wirklich weise warn,
   drum fiel es ihnen ein.
   Der erste König ging zum Kind
   und streichelte es zart.
   Da griff das Kind mit seiner Hand
   ihm zärtlich in den Bart.
   Halleluja …

5. Der zweite König nahm das Kind
   und wiegte es ganz sacht.
   Da hat das Kind auf seinem Arm
   vor Freude leis gelacht.
   Der dritte König aber sang
   dann für das Kind ein Lied.
   Da sangen in dem kleinen Stall
   die andern alle mit.
   Halleluja …

6. Er hielt das Kind auf seinem Arm
   und tanzte in der Nacht.
   Da haben alle in dem Stall
   vor Freude mitgemacht.
   Ein Hirte packt die Flöte aus,
   die andern sangen mit.
   Und so entstand in dieser Nacht
   das erste Weihnachtslied.
   Halleluja …

7. Es war'n drei weise Könige,
   die wußten, was man gibt,
   wenn man dies Kind, das Gott uns schenkt,
   von ganzem Herzen liebt.
   Wir stimmen froh ein Weihnachtslied
   in jedem Jahr neu an
   und tanzen, wie's die Könige
   vor langer Zeit getan.
   Halleluja …

Tier-Weihnachtslied

Text: Rolf Krenzer   *Melodie: Peter Janssens
© Peter Janssens Musik Verlag, 4404 Telgte-Westfalen

62

1. Wie war das mit dem Esel, als es im Stall geschah? Nach langem Weg in dunkler Nacht ward hier das Kind zur Welt gebracht. Ma-ri-a wiegt es auf dem Arm. Im Stall, da war es hell und warm. Wie war das mit dem Esel, als es im Stall ge-schah? Wie war das mit dem Esel? Er sa-gte leis: «I-A!»

2. Wie war das mit dem Ochsen?
Er stand und schaute zu.
Maria legt das Kind so klein
ins warme Stroh der Krippe rein.
Sie schaut es an und lächelt froh,
denn Gottes Sohn schläft hier im Stroh.
Wie war das mit dem Ochsen?
Er stand und schaute zu.
Wie war das mit dem Ochsen?
Er sagte leis: „Muh! Muh!"

3. Wie war das mit den Schafen?
Sie waren in der Näh'.
Die Hirten ließen alles stehn
und wollten Jesus Christus sehn.
Sie kamen in den Stall hinein
und wollten bei dem König sein.
Wie war das mit den Schafen?
Sie waren in der Näh.
Wie war das mit den Schafen?
Sie sagten leis: „Mäh! Mäh!"

4. Was sagte da Maria,
   als sie die Tiere sah?
   Sie sagte: „Gottes Sohn ist hier
   für Gottes Schöpfung, Mensch und Tier."
   Da mußt' kein Tier zum Stall hinaus
   und nicht einmal die kleinste Maus.
   Was sagte da Maria,
   als sie die Tiere sah?
   Was sagte da Maria?
   „Sie sagte froh: „Bleibt da!"

Tierweihnacht

Text: Rolf Krenzer   *Melodie: Paul G. Walter
Alle Rechte bei den Autoren

63

1. Ich bin die Maus und hab' mein Haus im Stall, und da bin ich da-heim. Es kom-men Leu-te heu-te in den Stall in der Nacht zu mir her - ein.

2. Ich bin das Schaf
   und steh' sonst brav
   im Stall und mach' nur manchmal mäh.
   Es sind da Leute
   heute
   in dem Stall.
   Und ich staune, was ich seh'.

3. Ich bin die Kuh
   und geb' sonst Ruh
   im Stall. Die Krippe soll es sein?
   Es legen Leute
   heute
   in dem Stall
   dort das kleine Kind hinein.

4. He, Esel, steh,
   was auch gescheh
   im Stall. Denn Gottes Kind liegt hier.
   Es gibt viel Freude
   heute
   hier im Stall.
   Und das spürt jedes Tier.

5. Die Taube gurrt.
   Die Katze schnurrt
   im Stall. Weil allen das gefällt.
   Ja, soviel Freude
   heute
   hier im Stall.
   Gottes Sohn kam heut zur Welt.

Die Legende von den Schafen, die Weihnachten verschliefen

Text: Rolf Krenzer   *Melodie: Paul G. Walter
Alle Rechte bei den Autoren

64

1. Was ist auf dem Hir - ten - feld heut nacht ge - schehn? Was
ist hier ge - schehn? Was ist hier ge-schehn? Die Scha - fe, ach, die
bra - ven, die ha - ben nur ge - schla - fen und ha - ben
nichts ge - sehn, und ha - ben nichts ge - sehn.

2. Wer sah auf dem Hirtenfeld die Engel stehn?
Wirklich Engel stehn!
Wirklich Engel stehn!
Die Schafe, ach, die braven,
die haben nur geschlafen
‖: und haben nichts gesehn :‖

3. Wer sah dann die Hirten zu dem Stall schnell gehn?
Wer sah sie dann gehn?
Wer sah sie dann gehn?
Die Schafe, ach, die braven,
die haben nur geschlafen
‖: und haben nichts gesehn :‖

4. Hört und seht: Das Wunder ist heut nacht geschehn!
Heut ist es geschehn!
Heut ist es geschehn!
Ihr Schafe, ach, ihr braven,
wärt ihr nicht so verschlafen,
‖: dann hättet ihr's gesehn! :‖

5. Abteilung:
Weil heute wieder Weihnacht ist

Weihnachtslieder

Dann ist Weihnachtszeit

Text: Rolf Krenzer   *Melodie: Frank Stieper
Alle Rechte bei den Autoren

1. Leuch-ten wie-der Ker-zen durch die Dun-kel-heit,

leuch-ten wie-der Ker-zen bis in uns-re Her-zen,

dann ist Weih-nachts-zeit.

65

2. Klingen leise Lieder,
   machen uns bereit,
   klingen leise Lieder
   alle Jahre wieder,
   dann ist Weihnachtszeit.

3. Spüren wir die Freude
   trotz der Traurigkeit,
   spüren wir die Freude
   in uns hier und heute,
   dann ist Weihnachtszeit.

Wann fängt Weihnachten an?

Text: Rolf Krenzer   *Melodie: Paul G. Walter
Alle Rechte bei den Autoren

66

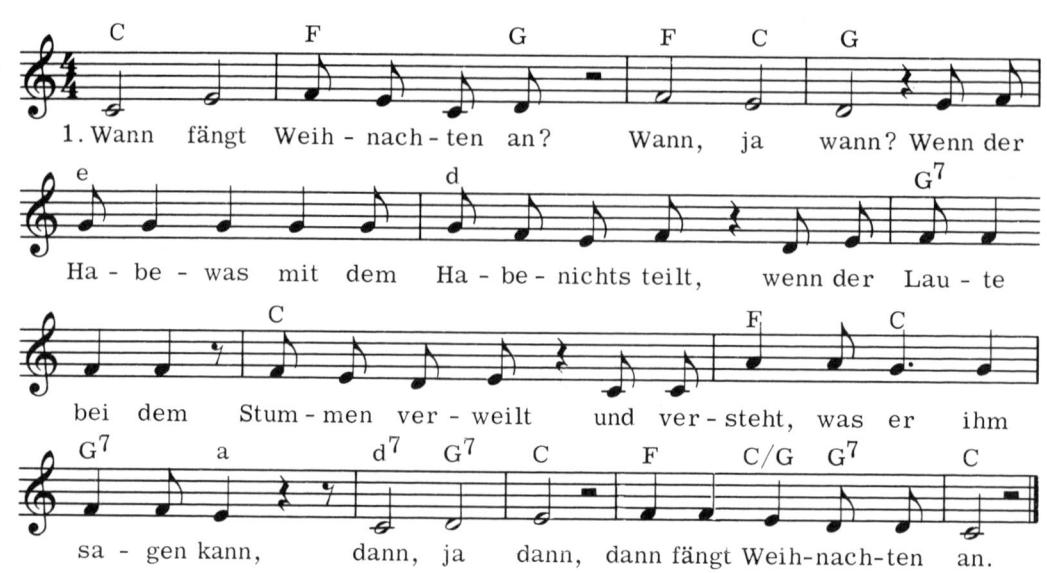

1. Wann fängt Weih - nach - ten an? Wann, ja wann? Wenn der
Ha - be - was mit dem Ha - be - nichts teilt, wenn der Lau - te
bei dem Stum - men ver - weilt und ver - steht, was er ihm
sa - gen kann, dann, ja dann, dann fängt Weih-nach-ten an.

2. Wann fängt Weihnachten an?
Wann, ja wann?
wird, was klein ist, groß, und was groß ist, so klein,
wird der Schwache stark, der Starke schwach sein,
und nimmt einer so den andern an,
dann, ja dann,
dann fängt Weihnachten an.

3. Wann fängt Weihnachten an?
Wann, ja wann?
Zünden neu an wir dieses tröstende Licht,
das uns Liebe und den Frieden verspricht,
den uns Gott allein nur schenken kann,
dann, ja dann,
dann fängt Weihnachten an.

Der Engel

Text: Rolf Krenzer   *Melodie: Detlev Jöcker
© Menschenkinder-Verlag, 4400 Münster-Hiltrup

67

1. Hän - de wie dei - ne, wie du sein Ge-sicht, und blickt er dich

an, dann er - kennst du ihn nicht. Viel spä - ter fällt dir ein: ___

Das kann ein En - gel, wirk - lich ein En - gel ge - we - sen

1. G sein. ___   2. e sein. ___

2. Hirten erschrecken
   inmitten der Nacht
   und haben zum Stall
   auf den Weg sich gemacht.
   Von Gott geschickt allein!
   Das muß ein Engel,
   wirklich, ein Engel
   gewesen sein.

3. Frauen am Grabe.
   Sie weinen vor Not.
   Doch einer sagt da:
   „Seht, er ist nicht mehr tot!
   Und ihr dürft fröhlich sein!"
   Das muß ein Engel,
   wirklich, ein Engel
   gewesen sein.

4. Hände wie deine.
   Er tut was für dich.
   Und du fragst: Warum
   tut er sowas für mich?
   Und sagst entschieden: Nein!
   Das kann kein Engel,
   wirklich, kein Engel
   gewesen sein.

5. Hände wie deine,
   wie du sein Gesicht.
   Und er kommt von Gott,
   und du weißt es noch nicht
   und wirst nie sicher sein.
   Das kann ein Engel,
   wirklich, ein Engel
   gewesen sein!

Da war im Dunkeln ein helles Funkeln

Text: Rolf Krenzer   *Melodie: Ludger Edelkötter
© Impulse-Musikverlag, 4406 Drensteinfurt 1

68

Da war im Dun - keln ein
hel - les Fun - keln, da war ein Leuch - ten in der Nacht. Da war ein
Sin - gen, ein hel - les Klin - gen, das hat uns al - le
froh ge - macht.   hat uns al - le froh ge - macht.

1. So kam das Licht in uns - re Dun - kel - heit. So kam das Licht in
uns - re Ein - sam - keit. Sie wur - de plötz - lich zur Ver - gan - genheit, und
mit ihr ging auch al - le Trau - rig - keit. So kam das Licht zu uns her -
ein und ließ uns plötz - lich glück - lich sein.
hat uns al - le froh ge - macht.   *Kehrvers:* Da war im Dunkeln ...

Hört, es wurde ein Kind geboren

Text: Rolf Krenzer   *Melodie: Siegfried Fietz
© ABAKUS Schallplatten & ULMTAL Musikverlag,
6349 Greifenstein 2

69

1. Hört, es wur - de ein Kind ge - bo - ren in dem Stall in
dunk - ler Nacht, und es hat das hel - le Licht uns in die
dunk - le Welt ge - bracht, und es hat das hel - le
Licht uns in die dunk - le Welt ge - bracht.

2. Seht, es wurde ein Kind geboren,
und am Himmel strahlt ein Stern.
Und es kamen viele Leute,
und sie fragten nach dem Herrn.

3. Sagt, wo ist denn das Kind geboren?
Ja, so fragte jedermann.
Gottes Sohn liegt in der Krippe.
Kommt zum Stall und schaut's euch an!

4. Ja, es wurde ein Kind geboren.
Seinen Namen wißt ihr schon.
Dieses Kind heißt Jesus Christus.
Dieses Kind ist Gottes Sohn!

5. Sagt es weiter so allen Leuten:
Dieses Kind heißt Jesus Christ.
Wir wolln wieder Weihnacht feiern,
weil dann sein Geburtstag ist.

Kleines Städtchen Bethlehem

Text: Rolf Krenzer   *Melodie: Ludger Edelkötter
© Impulse-Musikverlag, 4406 Drensteinfurt 1

70

1. Klei-nes Städt-chen Beth-le-hem   na - he bei Je - ru - sa-lem
un - be - deu-tend und ge - ring. Trotz al - le-dem, bist du noch so
klein, sollst du ganz al - lein Ge-burts - ort uns - res Herrn und Kö - nigs
sein. Trotz sein,   der   für uns ge - bo-ren, der sucht, was ver-lo - ren,
der un - ser Bru - der ist,   den Gott uns ge - ge - ben, daß
wir mit ihm le - ben, weil Gott uns nie ver - gißt, ____ weil
Gott uns nie ver - gißt. ____

2. Kleines Städtchen Bethlehem
nahe bei Jerusalem
unbedeutend und gering.
Trotz alledem,
bist du noch so klein,
sollst du ganz allein
Geburtsort unseres Herrn
und Königs sein.

Der zu uns gefunden,
der mit uns verbunden,
der unser Bruder ist.
Er wird bei uns stehen
und wird mit uns gehen,
weil Gott uns nie vergißt,
weil Gott uns nie vergißt.

3. Kleines Städtchen Bethlehem
   nahe bei Jerusalem
   unbedeutend und gering.
   Trotz alledem,
   bist du noch so klein,
   sollst du ganz allein
   Geburtsort unseres Herrn
   und Königs sein.

Er wird sich erbarmen
der Schwachen und Armen,
der unser Bruder ist.
Er wird für uns leiden
und wird mit uns streiten,
weil Gott uns nie vergißt,
weil Gott uns nie vergißt.

4. Kleines Städtchen Bethlehem
   nahe bei Jerusalem
   unbedeutend und gering.
   Trotz alledem,
   bist du noch so klein,
   sollst du ganz allein
   Geburtsort unseres Herrn
   und Königs sein.

Nach Matthäus 2,6.

Das Lied vom Weihnachtsstern

Text: Rolf Krenzer *Melodie: Paul G. Walter
Alle Rechte bei den Autoren

71

1. Was hat der Stern am Him - mel ü - ber Beth - le - hem ge - sehn?

Er sah des Nachts zwei ar - me Leu - te durch die Stra - ßen gehn.

Sie klopf - ten an und frag - ten, a - ber nie - mand ließ sie ein.

Zu - letzt muß dann ein al - ter Stall noch ih - re Woh - nung sein.

2. Was hat der Stern am Himmel über
Bethlehem gesehn?
Im armen Stall ist dann das Wunder
in der Nacht geschehn.
Dort ist ein Kind geboren, und das
macht die Welt so froh.
Ja, Gottes Sohn liegt in der Krippe
mittendrin im Stroh.

3. Was hat der Stern am Himmel über
Bethlehem gesehn?
Er sah die Engel Gottes bei den
armen Hirten stehn.
Sie hörten ihre Botschaft und sie
ließen alles stehn
und machten sich gleich auf den Weg, um
nach dem Kind zu sehn.

4. Wer hat den Stern am Himmel über
Bethlehem gesehn?
Im fernen Land sah'n ihn drei Männer
hoch am Himmel stehn.
Was dieser Stern verkündet, die drei
Männer wußten's schon.
So machten sie sich auf den Weg und
fanden Gottes Sohn.

5. Der helle Stern am Himmel strahlte
mitten durch die Nacht,
weil Gottes Sohn dort in dem Stall uns
alle glücklich macht.
Weil Gott uns immer lieb hat, ist
das Wunder dort geschehn.
Das hat der Stern am Himmel
über Bethlehem gesehn.

Fröhliches Weihnachtslied

Text: Rolf Krenzer   *Melodie: Paul G. Walter
Alle Rechte bei den Autoren

72

1. Weil heu - te wie - der Weih-nacht ist, bin ich so froh.

Weil du für mich ge - bo - ren bist, drum sing ich so:

La - la - la, la - la - la, la - la - la, la,

la - la - la, la - la - la, la - la - la - la.

Weil heu - te wie - der Weih - nacht ist, bin ich so froh.

Weil heu - te wie - der Weih - nacht ist, bin ich so froh.

2. Weil heute dein Geburtstag ist, bin ich so froh.
Weil du der Grund der Freude bist, drum pfeif' ich so:
Tititi ...
‖: Weil heute dein Geburtstag ist, bin ich so froh :‖

3. Weil heute jeder sich so freut, bin ich so froh.
Es feiern heute alle Leut, drum lach' ich so:
Hahaha ...
‖: Weil heute jeder sich so freut, bin ich so froh :‖

(Weitere Strophen siehe nächste Seite.)

4. Weil einer an den andern denkt, bin ich so froh.
   Weil einer was dem andern schenkt, drum klatsch' ich so:
   kschkschksch …
   ‖: Weil einer an den andern denkt, bin ich so froh. :‖

5. Weil Weihnachten mir so gefällt, bin ich so froh.
   Es geht die Freude um die Welt, drum tanz' ich so:
   tatatam …
   ‖: Weil Weihnachten mir so gefällt, bin ich so froh :‖

Sinkt die dunkle Nacht aufs Land – Kanon

Text: Rolf Krenzer *Melodie: Paul G. Walter
Alle Rechte bei den Autoren

73

Sinkt die dunk- le Nacht aufs Land, strahlt das Weih-nachts-licht.

Gott nimmt al - le an der Hand und ver - gißt uns nicht.